SAARBATALJONEN

Ut på internationell vakt

1934-1935

Ulf Torstensson

Förlag: BoD – Books on Demand, Stockholm, Sverige

Tryck: BoD – Books on Demand, Norderstedt, Tyskland

ISBN: 978-91-7785-384-8

Till mina barnbarn:

Truls, Herta, Bontu och Zion.

Innehåll

(Referenser och bildförklaring finns i slutet av respektive kapitel)

Sverige på internationell vakt.

Konungen inspekterar Saarbataljonen:

»Jag och landet följa Eder med kritiska blickar. Sköter ni Er väl, så varen övertygade om min erkänsla och landets tacksamhet.»

Konung Gustaf.

Till Saar.

Nationernas förbund ds råd har till svenska regeringen inkommit med framställning att Sverige jämte Storbritannien, Italien och Nederländerna måtte deltaga i upprätthållandet av en internationell militärstyrka för ordningens upprätthållande i Saarområdet vid folkomröstningen den 13 januari 1935. Med anledning därav har regeringen medgivit att en kontingent av frivilliga från olika regementen må avsändas till Saar. Till chef har utsetts överste-löjtnant A. G. Nordenswan, Skaraborgs regemente; kompani-chefer: kaptenerna C. I. A. af Sillén, Livregementets grenadjärer, och C. H. A. Linton, Livgrenadjärregementet; bataljonsadjutant: kapten N. Falk, Skaraborgs regemente, och ryttmästare G. F. von Rosen, Livregem entet till häst.

Saartruppkontingenten kommer att bestå av 260 man förutom 15 officerare med intendent och läkare.

En pluton är försedd med kulsprutor. Hästar medföras ej. Fullständig utrustning kommer personal av manskapsgrad att få vid Svea livgarde.

Svenskarna väl mottagna i Saar.

Mersig, 21 december.

Inga stålhjalmar, inga krigiska miner men glada leenden och vänlighet mot barn, som svärma omkring dem — så lät det redan första dagen i Mersig, Mestlach och Beckingen om den svenska Saarkontingenten, som tydligen vunnit befolkningens hjärta. Truppen har haft en ansträngande färd och en ansträngande ankomstdag, innan alla lyckligt och väl inkvar-

Landshövding Allan Rodhe. Ordförande i den internationella kommissionen för folkomröst-ningen i Saar.

terate på respektive håll, och det var därför förklarligt, att man tappade lusten för exkursioner på gatorna och gick tidigt till sängs.

Saar åter till Tyskland.

Den med stor spänning motsedda folkomröstningen i Saar ägde rum den 13 januari under lugn och ordning. Valdeltagandet var i det närmaste hundraprocentigt. För anslutning till Tyskland har avgivits 90.3 procent av rösterna.

Hemvändande krigare på morgon-tidig parad.

Den svenska Saarbataljonen anlände kl. 7.10 på morgonen den 20 februari till Stockholm med extratåg från Trälleborg.

Några större hyllningar blevo de hemvändande krigarna inte föremål för — stockholmarna hade nätt och jämt hunnit vakna när de kommo — men på Svea livgardes kaserngård mottogs truppen av kronprinsen-regenten, som riktade några kärnfulla välkomstord till bataljonen och tackade för god vakt. I Trälleborg var folkets hyllning desto livligare på kvällen den 19 februari, och hemresan genom Tyskland betecknar överste Nordenswan som nära nog en triumffärd.

På Svea livgardes ödsligt tomma kaserngård, strängt avspärrad för alla utomstående, hälsade sedan kronprinsen truppen välkommen hem.

Förord

Min far slutade 1945 sin anställning på ett större handelshus i Helsingborg. Han hade arbetat där under många år och fick av företaget en stor bok i helfranskt skinnband som avskedsgåva. Boken heter "Ny svensk historia. Gustav V och hans tid 1928-1938" och är författad som en "bokfilm" av Erik Lindorm.[1] När jag läste igenom den ärvda boken fastnade jag vid en sida med rubriken "Sverige på internationell vakt" och med en bild där kung Gustav V inspekterar Saarbataljonen inför avresan. Som historiker blev jag naturligtvis intresserad och började undersöka vad Saarbataljonen var för något, vad den gjort och varför den tillkommit. Summariskt beskrivit var den svenska Saarbataljonen en del av en internationell fredsstyrka, som skulle säkerställa lugn och ordning i Saarområdet i samband med en folkomröstning den 13 januari 1935. . Bataljonen blev efter ett snabbt politiskt beslut lika snabbt etablerad och avseglade från Trelleborg den 21 december 1934. Lugn och ordning samt en korrekt genomförd omröstning var resultatet från den internationella styrka och detta utan att ett enda skott blev avlossat. Efter två månaders tjänstgöring åkte bataljonen hem till Sverige den 18 februari 1935.

Jag påbörjade en del undersökningar under 2008 för att under våren 2009 bli mer konkretiserade. På Krigsarkivet hade jag då tagit del av det material som fanns om Saarbataljonen. Med detta material som grund för mitt påbörjade projekt presenterade jag en projektbeskrivning för professor Hans-Åke Persson och universitetslektor Irene Andersson på Malmö Högskola. Mellankrigstiden med alla spänningar länderna emellan samtidigt som det också fanns fredssträvanden var några av de komponenter som på sitt vis ger en bild av de förhållanden som Saarbataljonen kom att verka under. Med deras förslag och goda råd kring detta och rent allmänt blev ytterligare arkivmaterial insamlat. Jag studerade litteratur och tidningar samt skrev en del inledande texter. Förutom resorna till arkiven i Stockholm gjorde jag en resa till Saar för att få en bild av området och städerna Merzig, Beckingen och Mettlach där svenskarna varit förlagda. En del av de byggnader som svenskarna då använde fanns fortfarande kvar, om än med annan användning. Annat kom emellan, skrivandet avtog och kom tyvärr under en tid att ligga nere.

Jag var i den tron att Saarbataljonen inte intresserade andra forskare. Det var därför både förvåning och en märklig känsla som kom över mig när jag såg att professor Lars Ericson Wolke 2017 utkom med "Saarbataljonen. Svenska fredssoldater i Hitlers skugga 1934-35".[2] Min första tanke var att skrinlägga mitt projekt, men har kommit fram till att fortsätta utifrån det historieperspektiv jag har och för att få användning av mitt redan insamlade material.

Som jag ser det finns här en för tiden typisk nationalism och patriotism kring hur bataljonen framställs samtidigt som det i mellankrigstiden också uppstår en internationalism med försök till överstatliga samarbeten och organ. Min ena ram för den här boken är aktörsperspektivet, som jag uppfattar som något genomgående kring alla beslutsprocesser i samband med Saarbataljonen. Med aktörsperspektivet försöker man förstå en förändringsprocess genom att studera den som handlar, aktören. Man skiljer på handlande och beteende. Handling är i detta perspektiv ett medvetet ingripande, medan beteende är ett agerande utan medvetna avsikter. Den historiska verkligheten består av människans handlande. Giddens utgår också från aktören, men kopplar samman honom med strukturen. Aktören styrs av normer och andra strukturer, men genom sitt agerande strukturerar han också sin verklighet.[3] Handlande och händelse är det dynamiska i en process där själva inträffandet av en förändring framhävs. Aktörens handlingar är den dynamiska aspekten av strukturella faktorer, resurser och barriärer.[4] Statsvetaren Bull ser aktören som ett något kollektivt och större begrepp samtidigt som exempelvis diplomatin som aktör påverkas av de regler och normer, strukturer, som gäller mellan stater. Aktörsperspektivet står i överensstämmelse med vårt vardagliga sätt att uppleva världen.

Den andra ramen för mina studier och för boken är hur framställningarna ser ut eller gestaltas under den här tidsperioden, där den massmediala utvecklingen har sitt avstamp. Framställningarna av aktörernas handlingar och de förhållanden som det skapar ger en intressant vinkel på skeendet. Minst lika viktigt är hur de rådande förhållandena, det vill säga strukturer framställs. Det mesta materialet inom denna ram utgörs av tidningsartiklar och böcker, men ganska ofta även i annan tryckt form som exempelvis olika affischer eller postkort.

Min bok ska inte ses som något konkurrerande verk, utan ska ses som ett komplement eller som en variant till Ericson Wolkes utmärkta bok.

Värdefulla synpunkter och goda råd har jag tacksammast fått av professor Hans-Åke Persson och universitetslektor Irene Andersson på Malmö Högskola. Stor hjälp och vänligt bemötande har jag fått av personalen på Riksarkivet, Krigsarkivet, Arbetarrörelsens arkiv och Kungliga biblioteket i Stockholm.

Kivik våren 2018

Ulf Torstensson

Referenser

[1] Lindorm, Erik, 1940.
[2] Ericson Wolke, Lars, 2017.
[3] Dahlgren, Stellan & Florén, Anders, 1996.
[4] Tägil, Sven, 1975.

Korum i Trelleborgs hamn inför avresan den 21 december 1934.
Foto: Trelleborgs Museum.

Inledning

Julen närmar sig, det är den 21 december 1934. På kajen i Trelleborgs hamn håller kyrkoherde Johan Ljungdahl korum för den "Svenska Saar-bataljonen". Det var en svensk militärtrupp bestående av av 261 man och officerare, som efter korumet gick ombord på tågfärjan Drottning Viktoria. Trossarna släpps och tågfärjan lägger ut och påbörjar sin resa från Trelleborg till Sassnitz. På kajen spelas nationalsången av musikkåren från I7 i Ystad. Det var en med kort varsel sammansatt militärstyrka som åkte iväg till Saarområdet för att där ingå i en internationell styrka med det officiella namnet Saarforce. Huvuddelen av styrkan var engelsk och italiensk med 1500 respektive 1300 man medan de holländska och svenska delarna bidrog med 260 man vardera. Saarforce skulle i Saar bistå den av Nationernas Förbund (NF) utsedda Regeringskommissionen att upprätthålla lugn och ordning i samband med den folkomröstning som skulle ske den 13 januari 1935.

Vid fredsförhandlingarna i Versailles efter Första Världskriget var området med sina gruvor och stålindustri attraktivt för segrarmakterna. Härifrån kunde krigsskadeståndet hämtas. Den franske presidenten Clemenceau ville att området helt skulle överföras från Tyskland till Frankrike, vilket den amerikanske presidenten Wilson motsatte sig eftersom det av befolkningen fanns en övervägande andel tyskar. Områdets slutliga öde blev att det kvarstod som ett suveränt tyskt område, men att Frankrike under femton år fick ägande- och nyttjanderätt till gruvor och industrier. NF skulle genom en kommission administrera området och skulle dessutom i sin regi genomföra en kommande folkomröstningen. I fredstraktatet var nämligen stipulerat att det efter de femton åren skulle hållas en folkomröstning för att då och därigenom slutligt bestämma om området skulle tillföras Tyskland eller Frankrike.[1] I förhandlingarnas slutskede tillfördes ett tredje alternativ, som innebar att området skulle fortsätta med det rådande styrelseskicket under NF med en Regeringskommission.

Uppdraget var delikat, det ansågs allmänt att Europas fred hängde på en skör tråd. Det fanns både en yttre och en inre hotbild. Den yttre hotbilden var hur Frankrike respektive Tyskland skulle reagera vid inre oroligheter som missgynnade deras intressen. Det var Frankrike som enligt fredsavtalet skulle upprätthålla ordningen, och hade därför truppsammandragningar vid gränsen för att snabbt kunna ingripa i Saar. Denna ordning var något som Tyskland, nu med Hitler vid makten, inte accepterade. Om trupper skulle behövas ansåg de att tyska trupper var de mest lämpade att upprätthålla ordningen i ett tyskt område. Om en sida ingrep skulle därför den andra sidan med största sannolikhet också ingripa. Ett krig skulle oneklingen kunna bli följden. Den inre hotbilden var de fysiska sammandrabbningar som skulle kunna uppstå som en följd av den hätska valpropaganda och de beskyllningar om terror som de olika sidorna beskyllde varandra för. Omfattningen av sådana sammandrabbningar skulle kunna bli för stora för den lilla, lokala ordningsmakten att klara av. Ett annat inre hot var om en kupp iscensattes mot valprocessen så att hela omröstningen ogiltigförklarades och därför skulle behöva göras om vid ett senare tillfälle. I båda de här scenarierna var det troligt att antingen Frankrike eller Tyskland skulle ingripa, med de konsekvenser det i så fall skulle kunna få. Det var med dessa hotfulla stämningar som den svenska Saarbataljonen, anlände till Saar och anslöt sig till Saarforce för att kunna börja sitt arbete med att upprätthålla lugn och se till att folkomröstningen kunde genomföras på ett korrekt sätt.

Att den internationella styrkan över huvud taget kom till stånd var de under hösten 1934 alltmer tilltagande oroligheterna i samband med valmöten och liknande. De hotbilder som nu uppstått var inget som förutsetts vid Versailles-freden samtidigt som ett sargat och splittrat NF hade svårt att hitta en lösning för att uppnå och vidmakthålla säkerhet och ordning i området. Diplomatiska aktiviteter och olika vändningar ledde slutligen fram till den internationella styrkan med de där ingående länderna. Saarforce och dess sammansättning accepterades av både Frankrike och Tyskland. Efter mer eller mindre formella kontakter beslutades i NF och respektive land om deltagande, varefter styrkan började sättas ihop och dras samman i Saar.

Benämningen Saar är inte helt korrekt, men lätt att använda. Det nuvarande namnet är Saarland och tillkom när området efter en andra folkomröstning tillfördes Västtyskland 1957 som det elfte förbundslandet. Vid Versaillesfreden fick Saarområdet namnen Saargebiet, Saar Basin eller Bassin de la Sarre. Detta var en sammanslagning av de delar som varit under Bayerns respektive Preussens förvaltning. Tidigare dominerande regimer var

17

grevskapet Saarbrücken, hertigdömet Pfalz-Zweibrücken, kurfurstendömet Trier och hertigdömet Lothringen.[2]

Genom området flyter floden Saar, som gett området dess namn. Den börjar i de franska Vogeserna och rinner norrut och ansluter till Mosel vid Trier. Saarområdet är kuperat och består av mycket böljande skogsområden och odlingsmark. Men det finns naturligtvis många gruvor och stålindustrier. Fredrik Böök besökte området på hösten 1934 och tyckte att industritrakterna här hade likheter med motsvarande trakter i England och Belgien. Men att det i Saarområdet inte var lika glädjelöst, skogen fanns kvar intill

Parhus med grönsaksland.　　　Foto: Stadtarchiv
Friedrichstal

industriområdena varför det inte upplevdes lika grått och trist som i England. Den tyske historikern och författaren Karl Bartz har samma uppfattning om industritrakterna i Saar, han jämför med Ruhrområdet där han tycker att stålverken, gruvorna och smältverken urskillningslöst dominerar över naturen. I Saar däremot gränsar fullvuxna skogar alldeles intill industriområdena och förhöjer utsikten som annars är brun och tråkig. De flesta av gruvarbetarnas bostadshus har inte heller den där tråkiga, gudsförgätna enformigheten. Bostäderna för gruvarbetarna utgörs till en del av lägenheter i relativt små hyreshus. Men en stor del utgörs av hus och då ofta parhus (Doppelhaus) till vilka det i allmänhet finns tilltagna grönsaksland. I de nordvästra delarna fanns omfattande odlingar av vin, äpple och annan frukt, en stor mängd äppleträd är det dominerande inslaget på fälten och utmed vägarna. Mycket av frukten används för tillverkning av cider, sylt och marmelader vilket är kännetecknande för den här delen av området. Landsbygden i Saar upplevs som skön med de gemytliga byarna och de stora skogarna. Nästan alla byar är bebodda med gruvarbetare och andra arbetare. Flera byar ser ut som de gamla, idylliska bondbyarna där en bäck eller en flod rinner genom centrum och med en skyddande skog i närheten. Det för Saarområdet så vitala och inkomstbringande var kol- och stålgruvorna med de enorma stålindustrierna, som i huvudsak fanns i dalgångarna omkring Saarbrücken, Völklingen och Saarlouise. Vid sin resa till Saar beskrev Fredrik Böök kontrasten mellan den fridfulla, gröna skogen och de smutsiga industriområdena.

> Flygmaskinen gick fram över ett skogslandskap, böljande i stora kullar; där dalgångarna öppnade sig, höjde sig överallt rökpelare, i all tänkbara schatteringar, bärnstensgula, roströda, silvervita, askgrå, sotsvarta. Skorstenar, lyftkranar, smältugnar, befordringsverk, linbanor avteckna sig mot bokskogarnas konturer.

Båda författarna är förtjusta i Berus vid området nord-väst om Saarlouise, samstämmigt beskriver de lyriskt att området har stora fält fyllda med vita nejlikor och brummande humlor. Uppifrån denna höjdrygg vid Berus har man betagande utsikter, i den ena riktningen mot Lothringen där de franska befästningsarbetena pågår och i den andra riktningen mot det obefästa, vapenlösa Saar där man anar friden och arbetet.[3,4] Den föreställning som fanns i truppen om Saar som ett flackt landskap fyllt med rykande skorstenar visade sig vara felaktig. Man blev särskilt förtjust i den kuperade karaktären med mjukt rundade kullar, där bebyggelsen var samlad i dalgångarna, särskilt utmed floden Saar. Väl uppe på en höjd kunde man inte längre skymta bebyggelsen i dalen, man kunde till och med tro att man befann sig Hälsingland eller Ångermanland där liknande snipor finns.[5]

Antalet invånare i Saarområdet var 1934 cirka 815 000. Från franskt håll framfördes i Versailles och senare annekteringsförsök att det av befolkningen fanns en så stor del som 150 000 franska invånare. Med ett sådant förhållande ansåg de franska förhandlarna att Saar helt enkelt skulle införlivas med Frankrike. Uppgiften om antalet franska invånare visade sig vara grovt felaktig och slutade att användas som argument. Majoriteten av befolkningen, uppemot 75%, tillhörde den romersk-katolska kyrkan medan resten, förutom en mindre judisk del, tillhörde den evangeliska kyrkan. I Saar hade den katolska kyrkan sedan länge varit uppdelat i två biskopsdömen, det i Trier och det i Speyer. Än idag är Saarland det Bundesland som har den procentuellt största andelen katoliker.

Bataljonen anlände till Saar och anslöt sig till Saarforce. Här var valkampanjerna inne i ett intensivt och hätskt skede. Pressen rapporterade om krigsliknande förhållanden, att det kokte under ytan och liknande dramatiska skildringar. Verkligheten var en annan, med lugn och ett vänskapligt förhållande till befolkningen kom folkomröstningen att genomföras på ett ytterst lugnt och korrekt sätt.

Allt avlöpte lyckligt – inte ett ingripande behövde göras, inte ett skott avlossades!

Karta över nuvarande Saarland, med ortsnamn för
att underlätta orientering.

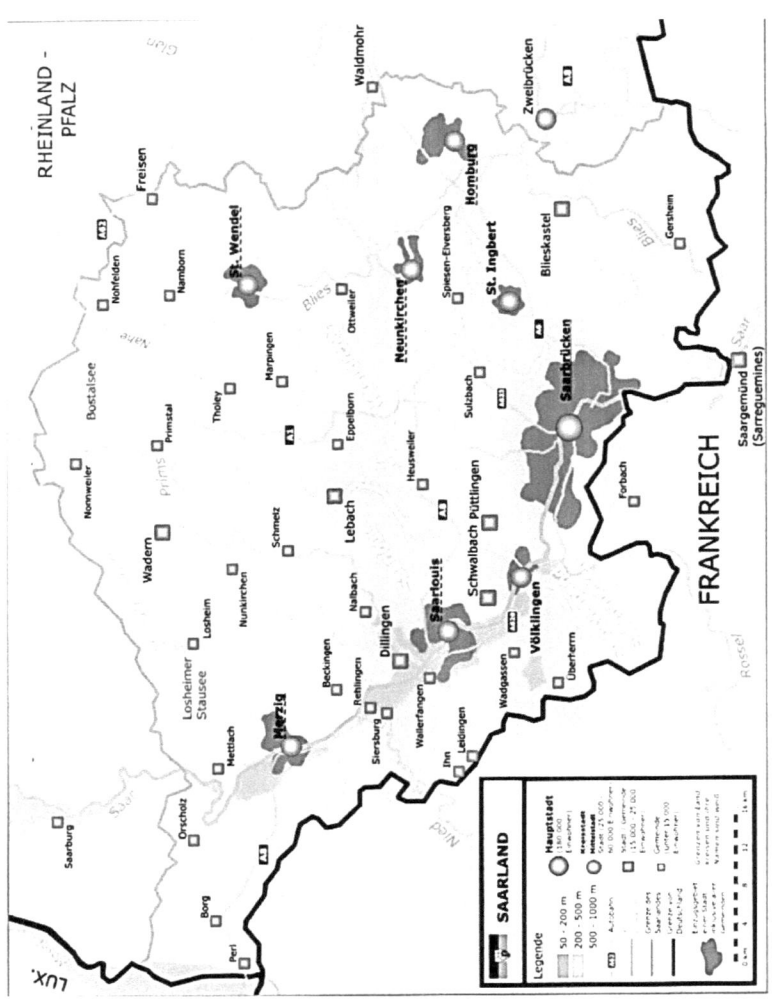

Referenser

[1] Treaty of Versailles. Part III Political Clauses for Europe.
Section IV Saar Basin.

[2] Behringer, Wofgang & Clemens, Gabriele, 2009.

[3] Böök, Fredrik, 1935.

[4] Bartz, Karl, 1935.

[5] Berg, Ernst & Edsman, Carl-Martin, *Minnen från Saar,*
juli och december 1935, KrA, *W. Reuterswärds arkiv.*

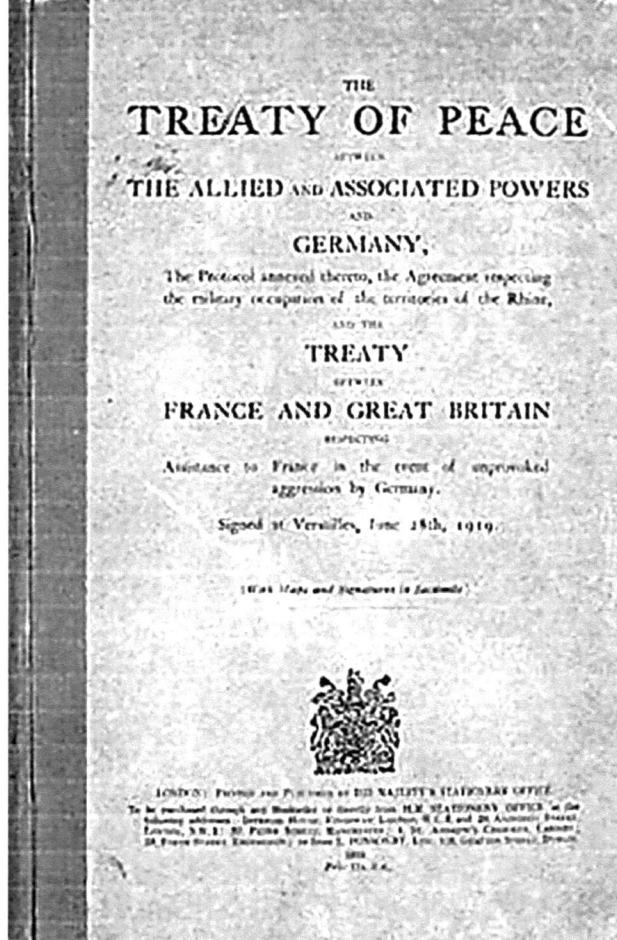

Fredstraktatets omslag.   Bild: The Avalon Project

Freden i Versailles och Versailles i Saar

Versailles står som grunden för ett tysk-franskt arvsfiendeskap, som varade till efter andra världskrigets slut. Det hade sin upprinnelse med Frankfurtfreden 1871 efter det fransk-tyska kriget 1870-1871. Detta fredsfördrag tvingades Frankrike att skriva under i just Versailles. Dessutom valde tyskarna också i samband med detta att utropa kejsardömet Tyskland just här i det franska, eleganta Versailles som tidigare var huvudsätet för det gamla franska kejsardömet. Det skapade en revanschstämning i den franska utrikespolitiken, som bland annat kom till uttryck efter första världskriget. Den franske konseljpresidenten Georges Clemenceau, även kallad "Tigern", fick en symbolisk revansch när han efter starka påtryckningar lyckades få Versailles som den plats där fredsförhandlingarna och undertecknandet skulle äga rum. Trots att kriget just hade upphört blommade det segrande Paris upp. Till Paris kom flera tusen förhandlare och deras följen av sekreterare, kockar, betjänter, översättare och vakter. Bara den brittiska delegationen uppgick till över 500 personer. Överallt spelade militärorkestrar och längs med Champs-Elysées stod erövrade tyska kanoner uppställda. De trista krigsåren var borta, det hölls ambassadmottagningar samt middagar med generaler, franska aristokrater och ambassadörer. De berömda restaurangerna restaurerades och fick tillbaka sin tidigare glans.[1] Trots ett glättigt segerfirande fanns det naturligtvis en underton. Keynes, som ingick i den brittiska delegationen såg en tragedi växa fram inifrån det som han kallade den teatraliska grannlåten i de franska statsrummen.

Paris var en mardröm, och varenda en där var i ett sjukligt tillstånd. En känsla av förestående katastrof vilade över den ytliga scenen;människans ömklighet och litenhet inför de stora händelser, som möter henne, blandningen av betydelsefullhet och overklighet i besluten . . .[2]

Förhandlingarna skedde utan tysk närvaro av de fyra

David Lloyd George   Georges Clemenceau   Woodrow Wilson

segrarmakternas statsledare, "the big four". Den amerikanske presidenten Woodrow Wilson hade med sina tidigare presenterade "fjorton punkter" skissat upp utefter vilka riktlinjer han tyckte förhandlingarna skulle föras. Den franske konseljpresidenten Georges Clemenceau representerade Tysklands traditionelle motståndare på den europeiska kontinenten och hade helt andra, krasst materiella synpunkter på vad förhandlingarna skulle leda fram till. David Lloyd George, den engelske premiärministern, kom därför ganska snart att befinna sig i en betydelsefull position som medlare. I gruppen ingick också den italienske ministerpresidenten Vittorio Orlando, som snart tvingades inse att han inte räknades in i

26

den exklusiva klubben. Han kom därför inte heller att ingå i den dominerande gruppen "the big three". De fyra, eller tre, representerade en odiskutabel övermakt, någon möjlighet för Tyskland att återuppta kriget fanns inte. Därför berodde svårigheterna med fredskonferensen egentligen på förhandlarnas inbördes oenighet.[3] Wilson sågs som en fredens apostel, hans tankar om utrikespolitiken innehöll en idealism som representerade hans land och hans egna moraliska grundsatser. Hans tankar omfattade inte heller det rävspel som normalt var vanligt inom diplomatin. Vid ankomsten åkte han i öppen vagn genom Paris och hyllades som den store undergöraren.

> För dessa människor hade ingen människa med sådan
> moralisk och politisk kraft, ingen sådan fredens apostel,
> framträtt sedan Kristus höll sin bergspredikan. . .

En stark opinion vändes mot honom när det visade sig att han inte bättre kunde följa sina uppsatta punkter. Det handlade främst om att Tyskland tvingades ta på sig hela krigsskulden och betala orimligt höga krigsskadestånd till segrarmakterna. Hans agerande blev ett fullständigt misslyckande, hans politiska karriär led mot sitt slut och var i realiteten slut efter mindre än nio månader.[4] Enligt Keynes saknade han den psykiska utrustning som behövdes för att kunna möta de förslagna och utstuderade herrarna Clemenceau och Lloyd George. Hans långsamhet var uppenbar och han kunde därför inte i tid hinna uppfatta de andras argument och deras egentliga syften. Att i ett sådant läge kunna överskåda situationen var något som han inte hann med. De andra, politiskt erfarna herrarna med sitt snabba och rörliga intellekt fick Wilson att spela blindbock i deras sällskap. De var så fulländade politiker att Wilson oftast blev ett offer så snart han steg in i förhandlingsrummet. Fransmännen och Clemenceau i synnerhet visste vilka frågor som var vitala för dem, det var säkerhet, ersättningar och inget nytt, starkt Tyskland. En inställning som saknade idealism och moraliska grundsatser och var därför direkt motsatta till det som Wilson representerade. De drev ett utstuderat spel för att försöka få igenom det som i deras ögon var värdefullt.

I den förvirrade och röriga miljö som förhandlingarna utgjorde var det Clemenceau som med sin ålder, karaktär och begåvning kunde framstå som att vara objektiv och att ha skarpa konturer. För alla var han välkänd. Han hade ett karakteristiskt utseende och uppträdde alltid i en lika karakteristisk rock av tjockt, svart tyg. Vid förhandlingarna kunde han luta sig tillbaka med slutna ögon. Trots detta var han närvarande och kunde vid viktiga avgöranden snabbt komma med ett kort påpekande, en fråga eller ett hårdnackat yttrande. När det behövdes kunde han få utbrott som inte saknade lidelse och som dessutom kunde vara rejält kryddat med arrogans. Clemenceau hade bara en endaste illusion – Frankrike; och bara en enda desillusion – mänskligheten. Sitt älskade Frankrikes ära var ett givet mål för honom. Om det målet uppnåddes på grannarnas bekostnad såg han det som bara oundvikligt och naturligt. Han hade väldigt cyniska uppfattningar om tyskens psyke, som han betraktade som lågt stående. För honom var det därför inte möjligt att förhandla eller söka försoning med en tysk, utan det som gällde var att diktera villkoren för honom. Maktpolitik var det som gällde för Clemenceau. Wilsons fjorton punkter såg han som ett amerikanskt hyckleri, hela Amerika var i hans ögon absolut inget att se upp till.[5]

28

America is the only nation in history which, miraculously has gone directly from barbarism to degeneration without the usual interval of civilisation.[6]

David Lloyd George uttalade sig hätskt om Tyskland i sina tal inför valet 1918. Men när han som premiärminister tog plats vid förhandlingsbordet i Paris var han betydligt mer moderat. I motsats till Clemenceau ville han inte förstöra den tyska ekonomin och dess politiska system genom höga krigsskadestånd. När han blev tillfrågad om hur han tyckte sig ha lyckats svarade han med att det inte gått illa, om tar i beaktande placeringen mellan Jesus Krist och Napoleon. I den här skaran var han säkerligen den mest förbindlige och mest flexible, samtidigt som han var den bäste förhandlaren. Ingen fredsförhandlare, här eller någonsin, har tagit sig an en så i högsta grad svår uppgift som att återuppbygga en värld i ruiner och att inför det ha tagit till sig bara lite av de kunskaper som var nödvändiga. Det kompenserade han genom sina erkänt höga intelligenta förmågor och sin omfattande uppfattningsförmåga. En snabb genomgång av ett komplext ärende och han var beredd att inleda en krävande förhandling. Hans skarpsinniga bedömningar av vad motståndaren tänkte gjorde att han kunde välja vilka argument som han skulle få bäst användning av. Han var statsmannamässig med sin smidighet och sin uppfattningsförmåga.[7]

Av Wilsons fjorton punkter låg punkt fjorton honom varmt om hjärtat. Den avsåg ett upprättande av en association av nationer försmå och stora staters oberoende och integritet. Med andra ord var det bildandet av Nationernas Förbund, NF. Clemenceau fick igenom ett skyhögt krigsskadestånd utgörande 269 miljarder guldmark, dessutom att Elsass-Lothringen skulle återgå till Frankrike. I det franska säkerhetstänkandet ingick att Tyskland inte militärt skulle återuppbyggas och fick därför gehör för att landet i stort sätt skulle avväpnas. Tungt materiel, som bland annat stridsvagnar skulle skrotas, krigsfartyg skulle överlämnas till

Skrotning av tysk stridsvagn

Storbritannien. I den mängd nya gränser och stater som skapades i Europa var det en del som var präglade av Wilsons anda. Österrike-Ungern styckades upp i "autonom utveckling för folken". Rent praktiskt slogs Tjeckien samman med Slovakien och den Jugoslaviska staten bildades av de mindre balkanstaterna. En oberoende polsk stat bildades där den så kallade polska korridoren skapades vilket möjliggjorde att Polen fick tillträde till havet. Detta skedde genom att staden Danzig blev en autonom fri stad under NF:s förvaltning. I Memelområdet mellan Litauen och Ostpreussen skulle samma förvaltning ske men NF överlät åt Frankrike att sköta förvaltningen. I området Schleswig-Holstein blev gränserna fastlagda efter folkomröstningar. Tyskland fick avstå alla sina kolonier i Afrika, Nya Guinea och flera ögrupper i Stilla havet. Förutom denna summariska redovisning av hur Europa påverkades omfattade traktaten i Versailles även andra områden i världen, bland annat Mellanöstern och Asien. För de territoriella ändringarna i Europa hänvisas till karta i slutet av kapitlet.

I Wilsondoktrinen nämns inte Saar överhuvudtaget. Kanske berodde det på att Wilson inte kände till vilken betydelse som det fanns för området från franskt håll. Redan 1917 hade den franske diplomaten Camon i London fått instruktioner om att informera den brittiska regeringen om de franska kraven vid en kommande fredsuppgörelse. Kraven var territoriella och innebar att Elsass-Lothringen skulle återföras i fransk ägo. Därutöver framfördes att Frankrike behövde både Saars hela geografiska område och inte minst dess gruvområde, vilka sågs som väsentliga för fransk industri. Här var det ännu tydligare att Saarområdet skulle helt införlivas i det franska området.8 Detta förslag om total annektering av Saar var något som den franska delegationen inte hade framfört offentligt. Däremot hade Ryssland informerats om de franska kraven och förslagen. I de diplomatiska noter som utväxlades mellan Paris och Petrograd gick Ryssland med på att ge Frankrike och Storbritannien full frihet att dra Tysklands västgränser efter kriget. I utbyte ville Ryssland då ha samma frihet att dra sina gränser mot Tyskland och Österrike-Ungern. Den ryske utrikesministern informerade den franska regeringen att det behövdes den brittiska regeringens stöd för att genomföra planen. I planen ingick också att de tyska områdena på vänstra sidan om Rhen skulle bli autonoma och neutrala stater. De här hemliga planerna kom fram till Wilson först två månader efter det att de allierade hade lämnat sina svar till honom om fredsvillkoren.9 Den som hårdast drev frågan om de höga krigsskadestånden var Clemenceau. Det franska förslaget i mars 1918 gick ut på att Saar i princip skulle tillfalla Frankrike som kompensation för de av kriget förstörda kolgruvorna i norra Frankrike. Gruvorna skulle ägas och drivas, ingen skatt skulle betalas, arbetskraften skulle kunna fritt flyttas samt att politiska och administrativa arrangemang skulle skötas av Frankrike. Från franskt håll framfördes att Saar i huvudsak varit franskt tills det tagits från Frankrike med våld. Clemenceau var också övertygad om att befolkningen vid en folkomröstning inom några år inte skulle vilja tillhöra Tyskland. Det här stämde inte alls med Wilsons åsikter med följd att det den 2 april tillsattes en kommitté, som skulle utreda och komma med förslag på lösningar angående Saar. Efter kort tid presenterades ett utkast, som fastslog att områdets suveränitet skulle vara fortsatt tysk medan Frankrike skulle ha ett evigt ägande av gruvor och anläggningar. För att detta skulle kunna fungera utan störningar och konflikter ansåg kommittén att det bildades en speciell politisk och administrativ regim. Förslaget föll inte Wilson i smaken. På morgonen den 8 april föreslog Clemenceau att Saar skulle bli en fri stat i union med Frankrike eller suverän under NF med franskt mandat. Under eftermiddagen klargjorde Wilson med eftertryck att han motsatte sig alla förslag där det föreslogs ändringar eller upphävande av Saars tyska suveränitet. Wilsons förslag var tysk suveränitet av Saar medan Frankrike hade tillgång och utnyttjande av gruvorna under 15 år. Efter de 15 åren skulle det hållas en folkomröstning om Saar skulle tillfalla Tyskland eller Frankrike alternativt fortsätta stanna kvar under NF:s förvaltning. Clemenceau avvisade detta rakt av. Wilson bad honom att inte låta freden i Europa bli beroende på frågan om Saar, men fick till svar att världsfreden krävde upprättande av rättvisa bland de allierade. Under kvällen diskuterade kommittén med de olika delegaterna där bland annat fördelningen av tysk respektive fransk befolkning i Saar lyftes fram. På morgonen den 9 april fick förslaget sitt stöd av Lloyd George och senare kom också ett godkännande av Clemenceau.[10]

Karta över Saarområdets utveckling 1920-1957

I fredstraktatet anges den territoriella omfattning av det som då fick namnen Saarområdet, Saargebiet, Saar Basin eller Bassin de la Sarre. Namnet Saarland tillkom först efter nästa folkomröstning 1957 då området tillfördes Västtyskland och blev dess elfte förbundsland. De större delar som kom att utgöra Saarområdet var det tidigare preussiska Rheinprovinz och bayerska Pfalz. Det var en sammanslagning av dessa delar som varit i tysk ägo sedan Wienkonferensen 1815, vilken avslutade Napoleonkriget. I och med detta avslutades områdets franska tillhörighet, som varat sedan 1798. Dessförinnan hade bland andra kurfursten av Trier och hertigen av Lothringen varit regenter och styrt i sina delar av området.[11] I fredstraktaten anges också att Frankrike, som kompensation för de förstörda kolgruvorna i norra Frankrike, ska få full tillgång och rätt till exploatering av gruvorna i Saar. Den franska staten ska ha rätt att etablera och driva grundskolor eller tekniska skolor för sina anställda och deras barn. Undervisningen får göras i franska språket. Motsvarande rätt till etablering och drift gäller också för sjukhus, apotek, arbetarbostäder samt andra välgörande och sociala institutioner.[12] Styrningen av området ska anförtros en Regeringskommission som representerar NF. Den ska bestå av fem medlemmar som utses av NF:s Råd. Det ska vara en fransk medborgare, en infödd invånare som inte är fransk och tre medlemmar från tre andra länder än Tyskland och Frankrike. Bland de fem medlemmarna utses ordföranden av NF:s Råd för en period av ett år, men kan omväljas. Ordföranden har rollen som den verkställande inom kommissionen. Under kommissionens kontroll får invånarna behålla sina lokala partier, sin religiösa frihet, sina skolor och sitt språk. Rätten att rösta gäller endast vid lokala val och till lokala partier och gäller för alla över tjugo år. Invånarna har rätt att lämna området om de så önskar och har rätt att sälja sina egendomar. I området ska det inte existera någon militärtjänstgöring, varken obligatorisk eller frivillig och att bygga försvarsanläggningar är förbjudet. Det ska endast finnas ett lokalt gendarmeri för att säkerställa ordningen. Det är Kommissionens uppgift att under alla förhållanden se till så att personer och egendomar skyddas i Saarområdet.[13] Efter en tidsperiod om femton år efter att fredstraktatet trätt i kraft ska befolkningen i Saarområdet få uttrycka sina önskemål om områdets framtida styre eller tillhörighet. En röstning ska ske i kommuner eller distrikt och med tre valmöjligheter.

a. Bibehållande av den nuvarande regimen under NF.
b. Tillhöra Frankrike.
c. Tillhöra Tyskland

Alla personer över tjugo år vid rösttillfället och som varit bosatta i området när freden slöts är röstberättigade. Metoder, andra förhållanden och datum ska skötas av NF:s Råd så att frihet, sekretess och trovärdighet blir säkerställt vid röstningen.[14]

När den tyska delegationen väl fått veta vad fredstraktaten skulle innehålla lämnade de in en protestskrivelse med förslag och motförslag. Att gruvorna och gruvindustrin fritt skulle få disponeras och utnyttjas av Frankrike betraktade de som att deras rättmätiga suveränitet blev överförd i fransk ägo. Utrikesminister Brockdorff-Rantzau menade att det historiskt inte tidigare förekommit att en civiliserad makt tvingat en annan att lämna över sin nation eller delar av en nation för en summa guld. Han medgav att det inte var mer än rätt att Frankrike skull få kompensation för sina förstörda gruvor. Men istället för att överlämna ett territorium till att styras av främmande makt fanns det humanare sätt för fransk kompensation. Den tyska delegationen såg inga problem med att komma fram till någon alternativ lösning för att förse Frankrike med kol. Det behövdes bara att experter från båda sidor satte sig ned och diskuterade fram en lösning utifrån affärsmässiga grunder.[15] Någon hänsyn togs emellertid inte till den tyska skrivelsen med förhandlingsförslag, utan det fredsfördag som de fyra arbetat fram blev det slutliga Versaillesfördraget, som från tysk sida beskrevs som ett diktat. Segrarmakterna litade på sitt maktspråk och bestämde de nya ordningarna i stället för att skapa möjligheter till ett europeiskt samarbete. Behandlingen av Tyskland går inte att jämföra med den storsinta behandling som Napoleons Frankrike fick vid Wienkongressen 1815. En annan skillnad var hur konflikter skulle lösas. Det man i Wien trodde på var återkommande stormaktskongresser, medan man i Versailles satsade på att NF skulle kunna ingripa i konflikter genom medling och sanktioner, något som det visade sig att organisationen inte kunde leva upp till.[16] När fredsförhandlingarna till slut öppnades upp för de neutrala länderna blev Hjalmar Branting en av delegaterna. Han var kritisk till den dominans som segrarmakterna hade i själva förhandlingarna, vilka enligt honom borde ha omfattat alla civiliserade nationer oavsett deras roll i kriget. Han hade inget till övers för fredstraktatet, i vilket han såg att världens ställning alltjämt försämrats och att fredsvillkoren var långt ifrån en folkensfred. Genom fredstraktaten och tillsammans med handelsblockaden mot Tyskland blev det därför arbetarklassen som blev lidande, inte den gamla härskande klassen, som drivits ur landet eller avsatts. John Maynard Keynes i den brittiska delegationen menade att fredsvillkoren fullbordade den ekonomiska förstörelse som kriget skapat. Ett alltför högt krigsskadestånd skulle leda till ruin, folklig förtvivlan och troligen till revolutionära utbrott, allt hotfullt för Europa. Marcus Wallenberg och Branting ställde sig bakom Keynes teorier. Marcus Wallenberg var i Versailles för att deltaga i förhandlingarna om de svenska och neutrala ländernas ekonomiska intressen Han och Branting samarbetade kring de stora ekonomiska frågorna i Versailles.[17] Segrarmakternas aktörer hade utåt sett varit framgångsrika och dikterat ett fredsavtal. Deras befolkningar var inte lika övertygade om detta och hade inte längre deras förtroende. Clemenceau avgick 1920, Wilson lämnade presidentämbetet året efter. Lloyd George tvingades året därpå att lämna politiken. Första världskriget och dess Versaillesfred var en katastrof, en urkatastrof, inte bara i sig själv utan också för de politiker som drivit den.[18] Urkatastrof var ett uttryck som myntades av den amerikanske diplomaten och historikern George F. Kennan som "20 århundradets urkatastrof". Från tyskt håll finns samma inställning där det dessutom hävdas att "inte bara de tyska gränserna fick nya dragningar 1918: krigsslutet var en världspolitisk giftbägare".[19] Ett uttryck som från tyskt håll kom att användas flitigt var att freden var Ett diktat från Versailles. De nya gränsdragningarna var en Styckning av det tyska riket, vilket medförde en Nedskärning av det tyska livsrummet (det berömda Lebensraum) och som i sin tur ledde till ett Folk utan utrymme.20 Valet av Versailles som förhandlingsort och förhandlingarnas genomförande betraktas allmänt som förnedrande för tyskarna. Själva undertecknandet av fredsavtalet var inget undantag, utan blev ytterligare en bit i mönstret.

Freden undertecknas i Versailles.

Spegelsalen i Versailles-slottet var dagen till ära indelad i tre delar. Vid den ena änden trängdes pressen, som nu bjudits in att föreviga det stora ögonblicket. I mitten stod ett stort hästskoformat bord för alla de allierade delegaterna. Framför honörsplatserna med "de fyra" hade tjänstemännen byggt upp ett bord, de anklagades bänk, med de för underskrift klara dokumenten. "Som en giljotin" noterade den brittiske diplomaten Nicolson. Ordförande för konferensen var självklart Georges Clemenceau, som nu beskrevs dels som en sammantryckt varelse och som såg gul ut. När alla väl kommit på plats fick Clemenceau med en handrörelse det allmänna sorlet att tystna, varefter han kommenderade: "för in tyskarna". De tyska representanterna var Dr. Hermann Müller och Dr. Johannes Bell. Den tidigare utrikesministern Brockdorff-Rantzau hade begärt att få avgå eftersom han vägrade acceptera och skriva under det dikterade avtalet. Tillsammans med en officer från varje av de allierade länderna eskorterades de tyska delegaterna fram till bordet och undertecknade avtalet under tystnad. Överhuvudtaget rådde det en allmän och tryckt spänning i lokalen. När alla hade undertecknat meddelade Clemenceau helt kort att "mötet är avslutat". Lite senare under dagen och under avkopplade former kunde han lite känslosamt konstatera "ja, det är en härlig dag".[21]

Mycket av Versaillesfredens innehåll har ofta bedömts som katastrofalt och ödesdigert för framtiden. I detta har också legat kritik av Wilson och hans fjorton punkter, trots att en del av fredsfördragen burit hans prägel. Wolfgang Zank har en betydligt mer positiv ingångsvinkel på Wilson och vad han stod för. Wilsons principer om en rättfärdig fred 1918 hade en engagerande påverkade även på professionella diplomater. För första gången i historien var det inte enbart tomma ord, utan bakom dem stod med överväldigande tyngd en världsmakt. Filosofi och makt tycktes ha ingått äktenskap.[22]

Kriget och freden har gestaltats och symboliserats på olika sätt. Många länder symboliseras ofta av en kvinnogestalt. Sverige har moder Svea, Frankrike har sin Marianne. Tyskland representeras av Germania, som gestaltas olika beroende på tidsperioder och händelser. Germania från augusti 1914 drar ut i kriget för att rena nationen, det fanns ett hopp om nationens rening och återfödelse med ett stundande krig i sikte. Germania drar ut i krig, hon gör det med högburet huvud och med klarsynta, genomträngande ögon. Förankringen till de antika grekiska idealen är tydlig, hon är framställd som en anpassad bild av den grekiska gudinnan Athena,

som var vishetens, konstens och det förnuftiga krigets gudinna. Liksom Athena bär hon bröstharnesk, sköld och vapen. Mot de allegoriska vindar som blåser har hon lyft skölden med den tyska nationalörnen. Hon trotsar vindarna, står orubbligt fast och är beredd att dra ut i krig. Den stolta Germania från 1914, trotsade vindarna, stod orubblig och var säkert lika orubbligt segerviss.

Men kriget fick ett annat slut än hon tänkt sig. Konsekvenserna blev stora, inte minst blev det tydligt i Versaillesfredens traktat. Efter Versailles porträtteras Germania i ett propagandavykort närmast som en korsfäst Kristus. Hennes svärd, bröstharnesk och krona har tagits av samtidigt som hon är fastbunden vid skampålen

Bildmaterial från Deutsches Historisches Museum.

Hon har ju i Versailles blivit skuldbelagd för att ha startat kriget. Framför henne finns tre hyenor, som kastar lystna blickar mot henne och som gärna skulle vilja ta en bit. Vem de symboliserar är ganska uppenbart. Trots problemen andas ändå ett visst hopp. Texten anger att det från himlen lyser en hoppets stråle som visar att stunden är nära för att lösa Germania från skampålen. trots att hon är avväpnad och fastgjord.

Karta över den territoriella situationen efter Versaillesfreden.
Bild: Die Zeit.

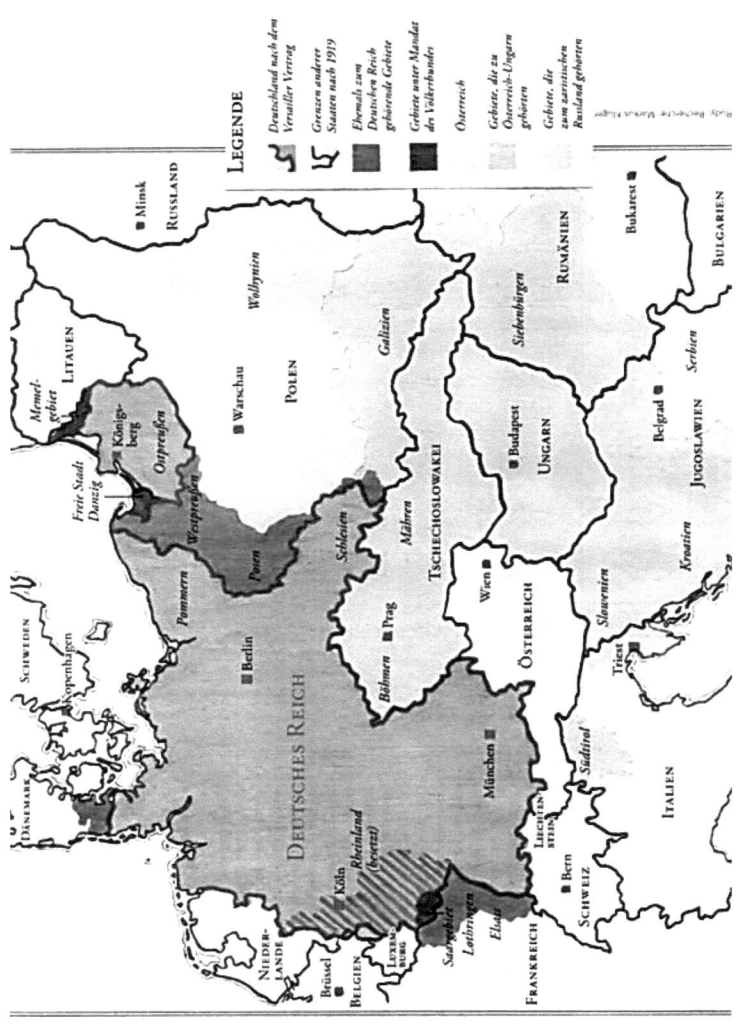

Referenser

[1] Hochschild, Adam, 2012.

[2] Keynes, John Maynard, 1920.

[3] Poulsen, Henning, 1982.

[4] Nordin, Svante, 2005.

[5] Ibid

[6] www.goodreads.com/quotes

[7] Keynes, 1920 och Jones, Thomas C.H., 1951.

[8] Bumiller, J.M., 1928.

[9] Baker, Ray Stannard, 1922.

[10] Wambaugh, Sarah, 1940.

[11] Behringer, Wolfgang & Clemens, Gabriele, 2009.

[12] Treaty of peace with Germany. Section IV, Saar Basin.

[13] Treaty of peace with Germany, Chapter II, Government of the Territory of the Saar Basin.

[14] Treaty of peace with Germany, Chapter III, Plebiscite.

[15] The Advocate of Peace, Vol. 81, No. 6, 1919.

[16] Tägil, Sven, 1991.

[17] Svenning, Olle, 2014. Jfr Keynes, 1920.

[18] Karlsson, Klas-Göran, 2014.

[19] Seils, Christoph, 2008.

[20] Schlögel, Karl, 2003.

[21] Zank, Wolfgang, 1994.

[22] Ibid

Det emblem som NF kom att använda.

NF och Saar i NF

Idén om ett folkförbund och uttrycket folkrätt har gamla anor. De härstammar från Hugo Grotius, den nederländske juristen och

Hugo Grotius.

historikern som redan 1625 i sin bok om lagarna för krig och fred, De iure belli ac pacis, lade fram grunderna för folkrätten. Han kom också att kallas "folkrättens fader". Kring honom och den tid han verkade i går det att dra en del paralleller till den här aktuella tiden kring och efter första världskriget. Han verkade i ett även då söndrat Europa efter trettioåriga kriget och deltog i arbetet med den Westfaliska freden. Han utvecklade begreppet internationellt samhälle, att stater bildar ett samhälle med varandra, som exempelvis ett Nationernas Förbund. Han satte den intellektuella ramen för den Westfaliska freden, som slöts tre år efter hans död. I ett tidigare verk av Grotius, Mare liberum från 1609 uppställer han grundsatsen om havens frihet, samma som Wilsons punkt två.

Nära 200 år senare, 1795, presenterade filosofen Immanuel Kant sin bok Om den eviga freden, där även han beskriver folkrätten. Han utvecklar också fredstanken. I hans resonemang ska stater som vill undvika krig med varandra därför gå samman i ett fredsförbund. I detta är stående arméer förbjudna. Allra bäst blir det om förbundet kommer att omfatta alla länder – en världsregering skulle kunna uppstå. Ytterligare 100 år framåt i tiden var fredsrörelserna starka och ledde till fredskonferenserna i Haag 1899 och 1907. I dessa två konferenser behandlades bland mycket annat de internationella rättsordningarna. Det resulterade i att etablerandet av den Internationella Skiljedomstolen i Haag. Under konferenserna och inför en tredje diskuterades också möjligheten till att bilda ett folkförbund. President Wilson tog emot stafettpinnen för att föra idén vidare och att skapa ett internationellt och fredssträvande förbund. Som sista punkt i den så kallade Wilson-doktrinen eller de fjorton punkterna, som den också kallades, fanns den skrivning som utgjorde grunden till det som skulle bli Nationernas Förbund, NF. I januari 1918 presenterade han inför den amerikanske kongressen sina fjorton punkter i sitt program för fred.

> A general association of nations must be formed under specific covenants for the purpose of affording mutual guarantees of political independence and territorial integrity to great and small states alike.[1]

En brittisk regeringskommission hade i mars 1918 lagt fram ett förslag till folkförbund, ett förslag som Wilson fått ta del av. Det var till en del annorlunda än det amerikanska. För att i Versailles komma fram till ett enhälligt förslag behandlades de olika förslagen av den brittiske delegaten Cecil, den amerikanske delegaten Miller och den brittiske kronjuristen Hurst. I februari 1919 presenterades det så kallade Hurst-Millerutkastet. Detta utkast utgjorde grunden för den tillsatta folkförbundskommission, som under Wilsons ledning började sammanträda i februari 1919. Grunderna och konstruktionen av NF utarbetades av denna kommission. En del justeringar av utkastet gjordes i samband med att de olika deltagande länderna framfört sina synpunkter. Branting befann sig under stor del av våren 1919 i Paris dels som svensk delegat för Ålandsfrågan och dels i frågan om NF:s stadga. Den svenska regeringen ville i särskilt två fall påverka NF:s konstitution. Man gjorde det tillsammans med de övriga mindre nationerna. Den stora principfrågan ansåg de vara att stormakterna fått för stort inflytande och att de mindre staterna inte blivit tillräckligt starkt företrädda. Dessutom ville man få in en deklaration om nationernas självbestämmande, få en bättre nedrustningsformel och få rustningskvoterna inskrivna. Under den här tiden omvärderar Branting sin uppfattning om president Wilson och förtroendet för den amerikanske presidenten har dalat betänkligt. Branting beskriver att misstämningen är ofantligt stor över det långsamma och hemlighetsfulla arbete som "de fyra" bedriver. Det som också stöter Branting är hur Wilson självrådigt regerar i europeiska saker, som han inte alls har kännedom om. Skulden till den utveckling som kristalliserades ut lägger Branting på den amerikanske presidenten:

> Wilsons obekantskap med världen utanför Amerika, hans doktrinära idealism kombinerad med mycket realistiska amerikanska exploateringsintressen.[2]

Efter förhandlingar blev kommissionens förslag antaget av fredskonferensen i april 1919. Efter mindre ändringar blev förslaget definitivt antaget och undertecknat i Versaillesfördraget. Även om Tyskland var en av de undertecknande länderna skulle de liksom Sovjetunionen inte ingå i NF. Fördragets inledande Part I omfattar en överenskommelse mellan de undertecknande länderna att bilda the League of Nations.[3] När detta trädde i kraft den 10 januari 1920 kan också Nationernas förbund, NF, betraktas att denna dag ha börjat sin existens. I uppbyggnaden av NF är Församlingen (the Assambly) den plats där alla medlemsländer är representerade. De ursprungliga medlemmarna i Församlingen var de länder, som var undertecknare av fredstraktaten. Rådet (the Council) består i huvudsak av de allierade segermakterna Frankrike, Storbritannien, USA, Italien och Japan. Därutöver skall det ingå fyra av de andra, mindre medlemmarna, vilka utses av Församlingen. I Rådet skall alla beslut vara enhälliga och alla har vetorätt. Förvaltningen sköttes av ett permanent sekretariat under ledning av en generalsekreterare. Den förste att inneha posten var Sir James Eric Drummond. President Wilson fick inte igenom sitt skötebarn i den amerikanska kongressen, som gick emot honom och lät USA stå utanför den världsövergripande fredsorganisationen. För organisationen var det ett betydande bakslag, som dessutom innebar ett försvagat NF. Sverige ingick i de tretton övriga länder som gavs möjlighet att ansluta sig, en ansökan skulle göras inom två månader Den inbjudan om medlemskap som Sverige fick 1920, och som alltså skulle ansökas inom två månader, ansågs kontroversiellt och ledde till omfattande och intensiva debatter i riksdagen. Med Hjalmar Branting som ordförande hade det bildats ett särskilt utskott som förberedde frågan inför riksdagens beslut. Att Tyskland och

Ryssland stod utanför sågs som den största svagheten i förbundet. Även om dessa våra grannstater stod utanför ansåg utskottet att Sverige ändå skulle kunna bibehålla sin neutralitetspolitik. Propositionen i april 1920 förordade anslutning och utrikesminister Hellner anslöt sig till delegationens realpolitiska argument. Anslutningen sågs också som en ideell förpliktelse, att utebli skulle medföra något av en undantagsställning. Liberaler och socialdemokrater, som utgjorde majoriteten i utskottet förordade att Sverige skulle ansluta sig till NF och instämde i de synpunkter som framförts i propositionen och av de delegerade.[4] Inför riksdagsbeslutet fanns således ett utlåtande från ett för frågan särskilt utskott och regeringens proposition. Alla de skilda meningar som framfördes i riksdagens debatter ansågs vara det mest omfattande och sakligt inträngande som här skett kring en utrikesfråga. Förutom allmänna frågor och frågor kring sammansättning i förbundsrådet ifrågasattes om Sverige kunde eller skulle deltaga i de ekonomiska eller militära sanktioner som NF eventuellt kunde besluta om. Förbundets förespråkare menade att det inte fanns någon plikt att delta i militära sanktioner, varje stat kunde fritt pröva en anmodan om deltagande från NF. Samtidigt borde en stat inte utan starkt vägande skäl undandra sig medverkan efter påtryckningar från NF. Beslutet togs i mars 1920 med en betryggande röstövervikt där utskottets yttrande hade varit en bidragande orsak. Utskottets utlåtande slutade med följande rader i Brantings anda. Det är inte utan en viss grad av nationalistisk tro på att Sverige ska kunna bidra till att göra NF till något värdefullt i fredens tjänst:

För Sverige, som med sina mer än hundraåriga fredstraditioner
hängivet deltagit i arbetet för den mellanfolkliga rättsutvecklingen
framstår det nu som en historisk uppgift att på det sätt som den
nya tiden kräver och efter måttet av dess krafter medverka
vid uppbyggandet av den rättsorganisation, som Nationernas
Förbund avse att förverkliga.[5]

Efter långa riksdagsdebatter, i andra kammaren den 3 mars och i
första kammaren både den 3 och 4 mars blev det votering. Det
sammanlagda resultatet blev att 238 röster gavs för en anslutning till
NF, medan 114 röster gavs mot en anslutning.[6]

Sverige blev medlem i NF 1920 och fick en permanent plats i Rådet
från 1923 och från 1936. Hjalmar Branting var redan från starten
ordförande i Kommitté nr 6, som hade hand om mandatfrågor,
rustningar och ekonomiska vapen. Sverige hade under lång tid inte
varit någon internationellt politisk aktör, det som kom att kallas den
utrikespolitiska semestern. För ett fredsbevarande och
konfliktlösande arbete i mellankrigstiden hade Sverige genom sitt
ledamotskap i NF:s förbundsråd nu fått en ny och inte obetydlig
internationell roll. En roll som var särskilt påtaglig när Hjalmar
Branting var regeringschef. De svenska diplomaterna blev
intressanta som medlande aktörer och som givande samtalspartner.
Sverige skulle kunna åsidosättas av de stora makterna om de hade
velat. Men att blivit invalt och återvalts till förbundsrådet tyder ändå
på att landets roll uppskattats och haft ett brett förtroende. Sverige
blev en röst i tidens världspolitiska forum. I NF kom Sverige att ha
en framträdande roll tack vare Hjalmar Branting, som genom den
permanenta platsen i Rådet ofta framförde att rättskravet skulle
råda och att rättstanken var det enda rättesnöret. Redan 1921
uttalade han att lösning av en fråga skulle undvikas om det kunde

tolkas vara som ett språkrör för den ena eller andra maktgruppen. Endast rättstanken skulle gälla.[7]

Hjalmar Branting lämnade till kommande regeringar efter sig ett arv av engagerat internationellt fredsarbete. Det var så engagerat och erkänt att han ibland kallades för "Europas samvete" eller "Den store européen". I arvet ingick också hans syn på internationellt

Hjalmar Branting

arbete och engagemang som att Sverige var moraliskt bundet att delta i internationella polisaktioner. Detta i visshet om att ett antal stormakter inom ramen för NF också skulle delta. Branting fick tillsammans med norrmannen Christian Lange Nobels fredspris 1921.[8]

Med Locarnofördraget hade Tyskland lyfts upp till att vara en förhandlingspart och skulle följaktligen därför ingå i NF. Tyskland såg sig som en av de stora makterna och ville i NF ha en av de permanenta platserna i Rådet. Polen ville också ingå i NF och ville dessutom också ha en plats i Rådet, något som Tyskland var starkt avvisande till. Ett ytterligare problem var att antalet platser var begränsat och redan besatta. Sveriges hållning var att antalet platser inte skulle utökas och att inte heller lämna sin plats utan ansåg det vara viktigt att även mindre stater var representerade i Rådet. Den svenske representanten vid förhandlingarna vid NF i Geneve var Östen Undén. Läget tycktes låst, om avgörandet skulle uppskjutas var risken stor att Tyskland drog tillbaka sin ansökan. Undén hade inte mandat att upplåta Sveriges plats. Han lyckades i sin diplomati, som gick ut på att Sverige skulle ställa sin rådsplats till förfogande om även Belgien eller Tjeckoslovakien lade ned sitt mandat. Tyskland kunde då få sin permanenta plats och Polen skulle erbjudas en tillfällig plats. Motsättningen och den prestigefyllda kraftmätningen mellan Tyskland och Frankrike slutade i en kompromiss. Tyskland blev 1926 medlem i NF. Här hade den svenska delegationen bidragit med avgörande insatser och gjort en tungt vägande insats i den europeiska storpolitiken.[9]

NF:s verksamheter med lösande av internationella konflikter får i inledningen av sitt arbete betraktas som lyckade. Behandlingen av Ålandsfrågan där Sverige hävdade att Åland skulle överföras till att vara svenskt medan Finland hävdade det motsatta att Åland skulle kvarstå som finskt. Frågan hänsköts till Rådet på ett brittiskt initiativ efter det att omfattande och hätska diplomatiska noter utväxlats mellan länderna. Rådet tillsatte dels en juridisk kommission och dels tre rapportörer, som var och en på plats undersökte förhållanden och inställningar fån svenskt, finskt och åländskt håll. Efter sammanvägningar kom Rådet fram till att Åland skulle vara finskt och att ett tidigare fördrag om ett demilitariserat Åland fortfarande skulle gälla. De sedan gammalt konfliktfyllda gränsförhållandena mellan Danmark och Tyskland i Schleswig kom att lösas genom NF, som i sin regi genomförde folkomröstningar i området. Folkomröstningen i zon I, som omfattade norra Schleswig, genomfördes i februari 1920. Resultatet blev att området skulle tillhöra Danmark. För zon II, som omfattade mellersta Schleswig, skedde omröstningen i mars 1921 där resultatet blev att området skulle tillhöra Tyskland. Det fanns även en zon III, som omfattade städerna Schleswig och Husum, men där det inte genomfördes någon folkomröstning utan området förblev tyskt. NF var också delaktigt i en som det bedömdes lyckad lösning av konflikten i Silesia mellan Tyskland och Polen. En mindre lyckad fråga för NF var Vilnafrågan, som handlade om att det nybildade Litauen villa ha Vilnius som sin huvudstad efter militär seger över de ryska styrkorna. Polen hade ockuperat Vilnius och med stadens stora polska befolkning motsatte de sig kraven på Vilnius varvid Litauerna bad NF om hjälp. För att få slut på konflikten var avsikten att genom en folkomröstning bestämma Vilniusområdets slutliga tillhörighet. För att kunna genomföra detta skulle valet övervakas av en internationell truppstyrka i vilken skulle ingå en svensk del omfattande cirka 100 man. Det var det så kallade Vilnadetachementet, som hann etableras men som aldrig kom iväg. Ingen polsk-litauisk enighet uppnåddes om vilka territoriella områden som omröstningen skulle omfatta. När dessutom den ryska regeringen inte kunde godta främmande trupp valde NF att inställa folkomröstningen. Efter flera medlingsförsök beslöts att Vilniusområdet skulle tillhöra Polen. Medlingar och folk-omröstningar var en del av det sätt som NF arbetade. Ett annat sätt var att ställa konfliktområden under NF:s förvaltarskap. Förutom Saarområdet, som behandlas längre fram, ansågs Danzig vara ett av de mer lyckade förvaltarskapen. Den Fria staden Danzig, eller Fristaten Danzig bildades i Versaillesfreden 1920 och utgjordes förutom av själva staden även av närliggande kustområden och inte minst floden Weichsels utlopp. Tillkomsten var en kompromiss där Tyskland skulle avträda Danzig med omnejd och området skulle bli en Fri Stad under NF:s skydd. Polen garanterades en fri zon i hamnen och hade rätt att fritt få använda vattenvägar, kajer och dockor. I den Fria Staden skulle NF företrädas av en överkommissarie, som hade rätt att som första instans avgöra i tvister mellan Danzig och Polen. Den av NF utsedde överkommissarien var sir Reginald Tower. Han tillsammans med en folkförsamling utarbetade en författning där det angavs att det skulle finnas en Folkdag med 120 ledamöter. Denna utsåg en styrande senat med en president, en vicepresident och 20 senatorer. Danzigs historia som fri stad bestod som mest i att ständigt hindra och att vara på vakt mot de ständiga polska försöken att utvidga sina rättigheter i Danzig samtidigt som de gjorde allt för att försvåra förbindelserna mellan Ostpreussen och det övriga Tyskland. Ett mindre lyckat förvaltarskap var Memel-området, som tillhörde Ostpreussen och gränsade till Litauen. Det låg norr om floden Memel och ut mot Kuriska sjön. Den nya staten Litauen ansåg att området med litauisk befolkning skulle ingå i den nya staten, något som Tyskland motsatte sig. Området ställdes vid Versaillesfreden under NF:s förvaltning till en dag i framtiden då befolkningen skulle få rösta om vilket land de ville tillhöra. Förvaltningen av området hade NF överlåtit åt Frankrike att utföra som sin företrädare. I januari 1923 ockuperade Litauen området under den så kallade Klaipeda Revolten. Tillfället tycktes väl valt, för samtidigt hade Frankrike påbörjat sin ockupation av Ruhrområdet. Den franska administrationen i Memel gjorde inte några särskilda motåtgärder och senare under månaden annekterades området av Litauen och som fullbordat faktum kom det att slutligen bli bekräftat 1924. Någon folkomröstning blev därför aldrig genomförd. Det var inte bara i Memel som 1923 var ett dåligt år för NF. NF misslyckades med att hindra Italien från att invadera den grekiska ön Korfu fastän Grekland bett om hjälp. Inte heller lyckades NF hindra Frankrike och Belgien från att invadera Ruhrområdet, vilket de motiverade med att Tyskland inte lyckats betala en avtalad del av krigsskadeståndet. Frankrike hade inte ens konsulterat NF innan invasionen inleddes. De stora misslyckandena eller svagheterna visade sig i början av 1930-talet. Manchuriet-affären bestod i att Japan 1931 ockuperade Manchuriet och året därpå etablerades marionett-staten Manchukuo. NF fördömde den japanska invasionen, vilket ledde till att Japan 1933 helt sonika lämnade NF. Samma år lämnade också Tyskland NF, vilket var något av de tidiga beslut som Hitler tog när han detta år kommit till makten. Det som blev NF:s dödsstöt var Abessinien-krisen. Från sin koloni i Eritrea invaderade Italien i oktober 1935 Abessinien (nuvarande Etiopien) utan att ha förklarat krig. Som en följd gjorde Abessinien däremot en krigsförklaring mot Italien och det andra kriget länderna emellan var därmed ett faktum. NF deklarerade att Italien var den angripande parten och påbörjade en långsam process för att införa sanktioner mot Italien. Sanktionerna blev ett slag i luften, för många av vitala material ignorerades sanktionerna av flera medlemsländer. USA var kallsinnigt till de svaga sanktionerna och ökade istället sin export till Italien. Även om sanktionerna inte blev särskilt effektiva använde Italien dem som skäl för sitt utträde ur NF 1937. Från att i sin inledande bana varit relativt kraftfull med medlingar och sanktioner blev NF nu av många betraktat som en hycklare och kom att ignoreras som fredsbevarande organisation.

I NF:s mörka trettiotal framstår den slutliga lösningen av Saar-frågan som kanske den sista ljuspunkten. Folkomröstningen administrerades och genomfördes av NF 1935. De femton år som föreskrivits i Versaillesfreden var på väg att uppnås varför Rådet beslutade att folkomröstningen skulle ske den 13 januari 1935. För att förbereda den beslutade folkomröstningen accepterade NF ett förslag från den italienske baronen Aloisi. Ett förslag som gick ut på att han tillsammans med två andra representanter från NF skulle upprätta en rapport om de problem som skulle kunna uppstå. Presidenten sedan 1932 var sir Geoffrey Knox, som redan i april 1934 varnade för att det skulle bli omöjligt att genomföra folkomröstningen om det inte vidtogs säkerhetsåtgärder.[10] Sedan 1920 var Saarområdet administrerat av NF genom en regeringskommission, medlemmarna utsågs genom Rådet i NF. Som ordförande och president utsågs Victor Rault (Frankrike). Övriga var landsrådet Alfred von Boch (Saar), major Lambert (Belgien), greve von Moltke-Hvitfeldt (Danmark) och R. D. Waugh (Canada).[11] Rådet engagerade sig till en början inte särskilt mycket i hur regeringskommissionen skötte sitt åtagande, som dock hade flera allvarliga brister i inledningen av sitt arbete. Detta och andra förhållandena fram till folkomröstningen presenteras i kapitlet om situationen i Saar.

Referenser

[1] Lilian Goldman Law Library.

[2] Svenning, Olle, 2014.

[3] Treaty of Versailles Part I the covenant of the league of Nations.

[4] Lönnroth, Erik,1959.

[5] Ibid.

[6] Tingsten, Herbert, 1964.

[7] Ibid.

[8] Franzén, Nils-Olof, 1985.

[9] Lönnroth, Erik, 1959.

[10] Wambaugh, Sarah, 1940.

[11] Haskin, Charles H., 1922.

Charles G. Dawes.

Strömningar och fredsåtgärder i Europa efter Versailles

Fredstraktatets skadeståndsfrågor och storleken på beloppen blev tidigt kritiserat av den engelske ekonomen John Maynard Keynes, som menade att det var alldeles oskäliga belopp. Han ansåg att det var omöjligt för Tyskland att kunna klara av så stora betalningar och att ett fredligt samarbete därför äventyrades. Under 1920 gjorde Tyskland en del betalningsliknande åtgärder, en stor mängd egendom som förts bort återställdes till Frankrike och Belgien. En del kol levererades och handelsflottan utlämnades. Men ingenting betalades kontant och skadeståndsproblematiken var fortfarande uppskjuten. Under 1920 och 1921 hölls att stort antal konferenser mellan de allierades premiärministrar för att försöka hitta någon lämplig form för krigsskadeståndet. Vid den första Londonkonferensen i mars 1921 deltog även Tyskland, som representerades av dr Simons. Enligt honom skulle det tyska folket alltid se framför sig de oerhörda fordringarna torna upp sig som ett spöke. I konferensen hade de allierade hotat med att bland annat ockupera Duisburg, Ruhrort och Düsseldorf. Dr Simons motförslag avvisades och förhandlingarna avbröts varvid marskalk Foch gav telegrafisk order om att hans franska trupper skulle sätta sig i marsch kl. 7 följande morgon. Enligt Versaillestraktatet var detta en olaglig ockupation, det rådde ju dessutom genom fredstraktaten en undertecknad fred mellan Tyskland och Frankrike. Inför den andra Londonkonferensen april-maj 1921 hade den franske premiärministern Briand tillkännagett inför sin kammare att han kunde tänka sig att besätta Ruhr. I denna atmosfär valde Tyskland att under hot godkänna Londonplanen. I Tyskland fanns åsikter om att det här var att lova något som inte gick att uppfylla.[1] De allierades behandlingen av Tyskland var dubbelriktad. Inom den ekonomiska delen med betalning av krigsskulden dikterades kraven under militära hot. Det framställdes dock som konferenser och liknande, men någon hänsyn togs inte till de tyska synpunkterna. Tyskland blev utestängt och betraktades inte som deltagande stat i uppbyggnaden av Europa. Landet var diplomatiskt isolerat, en taktik som inte minst utövades från London. I denna situation började Tyskland se sig om efter andra alternativ. Ett vidlyftigt, militärt förslag om union med Sovjetunionen fördömdes av politikerna, men själva idén om ett samgående började tilltala politikerna. Sovjetunionen var på grund av den bolsjevistiska revolutionen också det utsatt för diplomatisk isolering. Representanter från de båda staterna möttes och helt överraskande träffades ett avtal, Rapallofördraget, den 16 april 1922. Huvudtanken med detta var att normalisera förbindelserna länderna emellan, bryta den internationella isoleringen och att stärka Tysklands förhandlingsposition gentemot de allierade. Det var den tyske utrikesministern Walther Rathenau och hans ryske motsvarighet Georgi Tschitscherin som undertecknade avtalet i den italienske byn Rapallo. Fördraget innebar överenskommelse om att varje part avsäger sig alla territoriella och ekonomiska krav mot varandra som följer fredsfördraget från Brest-Litovsk efter första världskriget och att samarbeta i en ömsesidig, välvillig anda för att möta de båda ländernas ekonomiska behov. Detta passade bägge länderna, Sovjetunionen var i behov av maskinell utrustning och Tyskland var i behov av livsmedel och olja eftersom landet fortfarande var utsatt för de allierades blockad. Nu kunde Tyskland obehindrat exportera maskiner och även krigsmaterial, för att som ersättning kunna importera bland annat olja. Framöver utökades utbytet rent militärt så att tyska officerare utbildade sovjetisk militär och att sovjetisk mark uppläts som övningsfält för den tyska armén.

I rikskabinettets sammankomst i december 1923 var det omedelbara målet inom den tyska utrikespolitiken att befria Ruhrområdet från den militära ockupationen och återställa områdets normala verksamheter och system. Detta mål kunde under rådande omständigheter bara uppnås genom en översyn av krigsskadeståndet. Ockupationen motiverades av en bristande uppfyllelse av skadeståndsbetalningarna. När det framkom att det förekommit hemliga franska specialförhandlingar med tysk tung industri ingrep de anglosaxiska krafterna. Under press tvingades därför Frankrike att acceptera den tyska framställningen om att inrätta ett expertutskott där det förutom franska, engelska, belgiska och italienska experter också borde ingå amerikanska experter. I en intern tysk schism insisterade utrikesminister Stresemann på att de formella förhandlingarna med Frankrike skulle återupptas och att privata förhandlingar kring strejkerna omedelbart skulle stoppas. Detta berodde på att Kölns borgmästare Adenauer hade framfört ett förslag om att det ockuperade området skulle bilda en egen tysk stat, som då skulle tillgodose de franska behoven på säkerhet. Samtidigt skulle man inleda överenskommelser om problemen kring skadestånd och ockupation. I kansliet hölls i januari 1924 ett konfidentiellt möte där förslaget presenterades. Stresemann vägrade att underteckna protokollet från mötet, Adenauer å sin sida lät förslaget falla. I mitten av januari 1924 hade en kommitté under ledning av den amerikanske bankiren Charles Dawes bildats i Paris. Redan i februari var de i Berlin för att av regeringstjänstemän och företrädare för näringslivet bli informerade om situationen i Tyskland och höra deras ideér om bland annat krigsskadeståndet. Dawes-kommittén arbete kom snabbt att bli omfattande med flera aspekter och möjligheter för hur en ekonomisk och politisk lösning skulle kunna uppnås. En del av förslagen var att betalningar av skadeersättningen skulle komma från överskott av riksjärnvägen (Reichsbahn), från riksdagsbudgeten och från den tyska industrin. I samband med detta föreslogs att järnvägarna skulle vara statliga, att en centralbank oberoende av regeringen skulle inrättas. Över de här institutionerna och betalningskällorna skulle de allierade kunna ha kontroll. Det fanns en del invändningar, men från tysk sida var man nöjd med att utländskt kapital och Amerikas deltagande i den nyordning som planen utgjorde. Den sågs också som ett skydd mot ensidiga franska sanktioner. Särskilt värdefullt var att Dawesplanen utgick från principen om att återställa Tysklands ekonomiska och finansiella enhet.[2] Det var en kedja av beroenden, som nu löstes. Frankrike hade genom kriget stora skulder till USA samtidigt som Tyskland genom Versaillesfördraget hade stora skulder till Frankrike. När nu Tyskland genom planen fick låna friskt kapital kom deras industri igång och genererade pengar till att avbetala skadeståndsersättningen, varigenom Frankrike i sin tur kunde avbetala sin skuld till USA. Planen resulterade i att de franska och belgiska trupperna lämnade Ruhrområdet. Det är vanligt i den franska historieskrivningen att den tyska gottgörelsen, eller rättare sagt hoppet om gottgörelse, var det som orsakade den franska instabiliteten. Den amerikanske historikern Schuker menar att det egentligen var det omvända som var lika sant. Det var den franska, finansiella instabiliteten som så starkt påverkade de franska kraven på gottgörelse och som i verkligheten påverkade inriktningen av den franska utrikespolitiken från 1924 och framåt. Resultatet av ett rörigt ekonomiskt tänkande och politisk opportunism gjorde att Frankrike blev beroende av främmande ekonomiskt bistånd och samtidigt inkapabelt till att föra en oberoende utrikespolitik. Den självpåtagna rätten att förklara Tyskland skyldigt, att förelägga sanktioner och att bibehålla en militär närvaro i Ruhrområdet, åtminstone till dess att gottgörelsebetalningarna var säkerställda, visade otvivelaktigt på element av franskt misslyckande inom utrikespolitiken.[3] Kapitalet till den tyska industrin möjliggjorde att det relativt snart blev möjligt att amortera också till de amerikanska obligationsinnehavarna. Det blev dessutom början till de band som etablerades mellan den tyska industrin och de amerikanska investeringsbankerna. Eftersom planen löste en allvarligt internationell kris fick Dawes för sitt arbete dela Nobels fredspris 1925.

I den här tiden med flera fredssträvande förslag presenterade den österrikiske greven Richard Nikolaus von Coudenhove-Kalergi 1923 sitt manifest *Pan-Europa*. Greven var starkt influerad av Wilsons fjorton punkter. Grundtanken var att problemen med de nationella och nationalistiska gränser som efter kriget hade splittrat upp den europeiska kartan stod kvar. Det fanns fortfarande internationell anarki, den starka statens förtryck av den svagare och ekonomisk splittring. Den enkla modellen var enligt honom att staterna lade bort sina nationella fiendskaper och istället skapade en europeisk union för att därigenom hitta konstruktiva vägar och skapa en enad front. Det största hotet mot Europa befarade greven vara en rysk erövring.[4] Även rent politiskt såg han hotet från det kommunistiska Sovjetunionen som överhängande. Politiken härifrån var i hans värld ett hot mot de centrala europeiska kulturvärdena och arvet från det kristna Europa. Samma år som manifestet kom ut startade Paneuropiska unionen, en förening som hade avdelningar i flera olika länder och spelade en viss roll i mellankrigstidens debatter om fredlig samexistens. Den blev emellertid ingen direkt massrörelse. En av grevens grundtankar var att Europa höll på att förlora sin internationella position och därför behövde sluta sig samman både ekonomiskt och politiskt. På det viset kunde man skydda sig mot olika hot utifrån samtidigt som man också kunde undvika interna, mellanstatliga konflikter.[5] Helt konfliktfritt skulle det säkert inte kunna bli med tanke på vad han tog fram som sina visioner om Europas nya sociala samhällsordning. Det var inga demokratiska visioner även om hans inställningar delades av flera andra. En del som lämnade ekonomiska bidrag gjorde det i hopp om att en Paneuropeisk union inte skulle falla i "proletariatets händer". Det fanns emellertid en del sympatiska delar i hans Paneuropiska union. Han var emot hot och krig som en lösning av konflikter, i stället skulle allt baseras på en likvärdighet mellan folk och stater inom hans föreslagna union. Framväxten skulle ske i tre steg. Första steget var en konferens med de ingående regeringarna, andra steget var ett system av medlingsförhandlingar och slutligen en tullunion. Uppbyggnaden av unionen hade den amerikanska konstitutionen som förebild. Ett folkets hus skulle representera unionens befolkning där var och en av de trehundra medlemmarna skulle representera en million invånare. Ett staternas hus skulle bestå av en medlem från varje deltagande stat. Coudenhove-Kalergi menade att historiskt sett har Europa endast två alternativ. Det ena är att övervinna alla nationella

66

fientligheter och gå samman i en federal union, det andra är att duka under för en rysk erövring och att det inte finns en tredje lösning. Men det huvudsakliga hindret för att bilda en europeisk union var strängt taget internt. Det låg i förhållandet mellan Tyskland och Frankrike.[6]

En stark anhängare av den paneuropeiska idén och NF var den engelske lord David Davies som ville ta dessa överstatliga organisationer ett steg längre. Han var den huvudsaklige företrädaren för idén om en internationell polisstyrka som skulle vara upprättad för att upprätthålla freden. I den rådande tidsandan fanns det kritiker som såg förslaget alltför militäriskt och med tveksam effekt. Framförallt motsatte man sig ett militariserat NF. Men det fanns trots allt ett ökande brittiskt intresse för en internationell polisstyrka. Kanske beroende på föreställningen om att internationellt fredsbevarande och upprätthållande av lagar inte var ny.[7]

Åren 1923 och 1924 hade i NF:s regi två försök gjorts för att säkra freden, men båda hade misslyckats. De diplomatiska frågorna kring den europeiska säkerheten var fortfarande olösta. Enligt Dawesplanen skulle de franska styrkorna lämna Ruhrområdet, men frågan var om de kom att göra det inom den fastställda tiden. Däremot var det klart sagt från fransk sida att de vägrade inom tid utrymma de första ockupationsområdena vid bland annat Düsseldorf och Köln. Den brittiske diplomaten lord DÁbernon tog kontakt med den tyske utrikesministern Stresemann och inspirerade honom till att ta initiativ och till Frankrike erbjuda tyska säkerhetsgarantier. Berlin följde dessa råd.[8] Gustav Stresemann var son till en bryggare i Berlin och var det barn som fick studera.

Hans studier resulterade i en doktorsavhandling som tillhörde faderns intresseområde, nämligen Berlins flaskölhandel. Stresemann gick efter kriget in i politiken och var ordförande i Deutsche Volkspartei, ett pragmatiskt högerparti som accepterade den republikanska konstitutionen. Som Tysklands utrikesminister

Stresemann   Chamberlain   Briand

insåg han efter den franska ockupationen av Ruhrområdet att förhållandena i Europa var ohållbara. I Europas intresse föreslog Stresemann att Tyskland skulle garantera Frankrikes västgräns och avstå från Elsass och Lothringen. Förslaget var nu frivilligt framlagt av Tyskland även om innebörden var den samma som Tyskland under tvång hade blivit ålagt i Versailles. Förslaget togs emot med glädje i London men mer avvaktande från Paris, som dock senare också insåg det positiva i förslaget I Moskva väckte förslaget ett totalt motstånd, men Stresemann insåg att samarbete enbart med

Sovjetunionen inte var tillräckligt. Positiva svar kom från den brittiske utrikesministern Austen Chamberlain och från den franske utrikesministern Aristide Briand. För att komma fram till en överenskommelse träffades Stresemann, Chamberlain och Briand tillsammans med representanter från Italien, Belgien och andra länder i den idylliska lilla staden Locarno vid sjön Lago Maggiore i Italien. Under en tur på sjön med ångbåten Orangenblüte satt Stresemann, Chamberlain och Briand inklämda i kajutan. De satt där under fem timmar och förhandlade fram de sista kompromisserna. Bland annat var de överens om att Tysklands inträde i NF:s skara av stormakter skulle bli ett resultat av överenskommelsen. Till slut hade en överenskommelse kommit till stånd, den 16 oktober 1925 skildes delegaterna efter väl förrättat värv och kyrkklockorna ringde i Locarno.[9] Att Tyskland garanterade sin västgräns var för att ta bort Frankrike rädsla för ett återuppstått och starkt Tyskland. En kärnpunkt i avtalet om ömsesidig garanti var att om något land bröt eller angrep någon av varandras överenskomna gräns skulle neutrala länder ingripa militärt. Den här garantin kom som en konsekvens att också omfatta gränsen mellan Tyskland och Belgien. Det kanske mest betydelsefulla var det som berörde Rhenlandet. Om något respektive land angrep i Tysklands gränser mot Frankrike och Belgien skulle Italien och Storbritannien vara förbundna att agera mot allt våld och se till att medling kommer till stånd för att lösa framtida meningsskiljaktigheter. När Tyskland väl kommit med i NF skulle medlingsprocedurer skötas av dess Råd.[10] Den store vinnaren av Locarnofördraget var Tyskland, som återigen blev en respekterad makt. Tyskland hade inte bara förhindrat bildandet av en allians mot sig utan även lyckats få viktiga eftergifter i

Versaillesfördraget, vilket bland annat handlade om nedrustning, gottgörelser och hot om ockupation. Den stora förloraren var Frankrike, som förlorade sin makt att upprätthålla villkoren i Versaillesfördaget. Briand hade fått vad han kunde, vilket inkluderade det som var viktigt för honom, nämligen en brittisk garanti för gränserna och freden i Europa. Carr har en helt annan syn på Locarnofördraget. Han menar att Tyskland accepterade fördraget enbart för att därigenom kunna få bort det hinder som avrustningsklausulen i Versaillesfördraget påtvingat Tyskland. Locarnofördraget var en omedelbar framgång. Men det vilade på en ömtålig jämvikt. Han anser att historien om Locarnofördraget är ett klassiskt exempel på maktpolitik. Det blir obegripligt för de som försöker hitta principlösningar på trygghetsproblemen och som ser maktpolitiken som ett abnormt fenomen, som bara kommer fram i kristider. I hans resonemang är makten väsentlig. Det borde ha erkänts, att makten är ett väsentligt element i politiken. Att inte ha den insikten har omintetgjort alla försök att upprätta internationella styrelseformer. Som den realismens fader och förespråkare Carr är anser han att makten är ett instrument, som en regering inte kan vara utan. Den effektiva kontroll, som varje regering kan utöva, beror på källan till dess makt.[11] Trots allt medger han att fördraget vid den här tiden var betydelsefullt. Succén av de här förhandlingarna får tillskrivas de utrikesministrar, som kom att dominera den europeiska diplomatin under 1920-talet, nämligen Austen Chamberlain från Storbritannien, Aristide Briand från Frankrike och Gustav Stresemann från Tyskland. Briand och Stresemann tilldelades Nobels fredspris 1926.

Förhoppningar om en mer varaktig fred, som förutom ett europeiskt perspektiv också vidgades till att vara internationellt omfattande, fick ytterligare näring när Kellogg-Briand pakten undertecknades 1928. Den kom till efter förhandlingar mellan den franske utrikesministern Aristide Briand och den amerikanske utrikesministern Frank B. Kellogg. Att pakten ordagrant *kom till* beror på att de båda ministrarna inte satte sig ned för att skapa en fredligare värld, utan var ett besynnerligt resultat av en snurrig diplomati. Upprinnelsen var Frankrikes dåliga ekonomi med de skulder och lån de tog för att kunna genomföra kriget och som de hade svårt att betala. I mars 1927 meddelade den franska regeringen att de skulle göra en avbetalning med 10 millioner dollar i juni. Samtidigt förklarade de att de inte önskade något högre än att kunna återbetala det 8-procentslån som de fått av Amerika 1920 och förklarade vidare att det var nödvändigt med en lägre ränta. För att kunna hantera och mildra de ekonomiska förhållandena och för att trygga Frankrikes säkerhet föreslog Briand en bilateral allians mellan Frankrike och USA. Det amerikanska utrikesministeriet såg en sådan allians som helt omöjlig. De skulle bli djupt inblandade i de gamla rivaliteterna och sammanstötningarna mellan de europeiska staterna. Det fanns emellertid en del ledande politiker i USA som ansåg att man skulle skriv under det bilaterala avtalet. Briand höll tal vid olika konferenser där han framförde och påminde om sitt förslag till den bilaterala alliansen. Både förslaget och agerandena från Briands sida hade i högsta grad besvärat och irriterat den temperamentsfulle Kellogg. Efter flera månaders genial passivitet presenterade det amerikanska utrikesdepartementet ett motförslag: ett multilateralt traktat om att avstå från krig. Med den här vändningen lyckades man undvika Briands förslag och fick de amerikanska fredsaktivisterna över på sin sida. Nu var det Briand i stället för Kellogg som var besvärad, han ville ju inte ha ett multilateralt traktat. Men den franske utrikesministern – fredsmannen, Locarno-profeten, Nobelpris-tagaren – kunde knappast utan vidare förkasta ett så pass stort traktat mot krig.[12] Den multilaterala Kellogg-Briand pakten undertecknades i Paris augusti 1928. Det är ett internationellt avtal där de undertecknande staterna förbinder sig att inte använda krig utan komma fram till fredliga lösningar av de eventuella konflikter som kunde uppstå länderna emellan. Kellogg-Briand pakten förhandlades fram utanför NF, och kvarstår som ett bindande avtal under internationell lag

Briand   Kellogg

och gäller fortfarande. Förutom att binda de undertecknande staterna till pakten har den också fungerat som en av de rättsliga grunder som fastställer de internationella normer som anger att det är olagligt att trots internationell rätt använda militärstyrka och att i samband med detta annektera territorium. Kanske var de avtal och fördrag som tecknades trots allt inte så verkningsfulla. Bland andra ansåg E.H. Carr att den optimism som rörde den kollektiva säkerheten berodde på det felaktiga antagandet ett territoriellt och politiskt status quo var till belåtenhet för de större makterna. Konflikter mellan stater var inte bara ett resultat av att man inte lyckades förstå varandra, utan var ett ofrånkomligt resultat av oförenliga ambitioner. Detta kan bara lösas genom förhandlingar där det handlar mer om maktbalans än om vädjande av universella principer och moraliska uppträdanden. För att komma fram till den här pakten borde ledare och diplomater valt ett mindre idealistiskt och ett mer realistiskt tillvägagångssätt.[13] Den svenska riksdagsdebatten om Sveriges anslutning Kellogg-Briand pakten kan sägas bekräfta den kritik och de teorier som Carr framfört. Det ironiserades över "Kelloggpaktens amerikanska naivitet" och att pakten " . . . vars initiativtagare stod utanför NF, gav ett ofarligt sken av villighet att beivra fredsbrott . . ." I stället efterlystes svenska initiativ till nedrustning.[14]Pakten undertecknades i Paris den 27 augusti 1928 av de femton signatärerna. När pakten trädde i kraft den 24 juli 1929 anslöt sig 31 andra stater, däribland Sverige.

Krigsskadeståndet och betalningarna var som Keynes påpekat orimliga. De var en ständigt återkommande källa till oroligheter och med önskemål om omförhandlingar för att lösa den tyska skulden. Efter Dawesplanen från 1924 blev det uppenbart att Tyskland inte ville och kunde uppfylla de årliga betalningarna under obestämd tid. Från de allierades utsågs en kommitté med Owen D. Young som ordförande. Han arbetade i styrelsen för Rockefeller Foundation och hade ingått i den grupp som utarbetade Dawesplanen. Till sin hjälp hade han J P Morgan Jr., den framstående amerikanske bankiren samt hans medhjälpare och partner Thomas W. Lamont. Kommittén utgjordes av en liten amerikansk grupp men alla med en stor ekonomisk kunskap. Planen de kom fram till var att den tyska skulden reducerades med 20% och att den årliga betalningen delades i två delar där den första villkorliga delen utgjorde en tredjedel medan de övriga två tredjedelarna kunde vara en uppskjutbar del. Denna del skulle medföra ränta och finansieras av ett konsortium av amerikanska investeringsbanker, som samordnades av JP Morgan & Co. Planen krävde också att det inrättades en internationell bank för att hantera betalningsöverföringarna. Den rapport som presenterades med de här lösningarna mötte starkt motstånd från Storbritannien, men efter förhandlingar vid den första Haagkonferensen i augusti 1929 utarbetades planen. Den antogs vid den andra Haagkonferensen i januari 1930 då också "Banken för internationella betalningar" etablerades. Planen kom aldrig till användning för mellan själva avtalet och antagandet inträffade Wall Street kraschen. De amerikanska bankerna måste återkalla pengar från Europa och avbryta de krediter som gjorde Youngplanen möjlig. Världshandeln sjönk med två tredjedelar och arbetslösheten steg till ofattbara höjder. President Hoover fick igenom ett internationellt ettårigt moratorium på betalningarna, vilket saktade ner den ekonomiska nedgången i Europa. Tyskland greps av en stor bankkris och det blev uppenbart att depressionen hade gjort det omöjligt för Tyskland att återuppta betalningarna.

De olika avtalen, pakterna och traktaten skapade utvecklingar, om än olika, för de europeiska staterna, makterna. För den "tredje statsmakten", pressen och journalistiken, var mellankrigstiden den tid som kom att kallas deras guldålder. Att bli betraktad som en statsmakt kan förklaras med den centrala ställning som pressen intar. Makten innebär att det är de som gör beskrivningarna, det

74

ingår eller medges en rätt att beskriva verkligheten på ett visst sätt för att därigenom skapa en mening. Pressen framstod som ett organiserat samhällsintresse. Den relevanta information som presenterades för tidningens läsare var producerad av dess journalister. De var framför allt reportrar som upplevde och berättade om möten och evenemang, tidningarna uppsökte i allt högre grad omvärlden, som i exemplet Saar. Detta till skillnad från 1910 då redaktören satt på sin redaktion och så att säga klistrade ihop en tidning.[15] Det var inget nytt för tidningarna att skicka ut reportrar för att skildra pågående händelser. Tidningsredaktörerna insåg att upplagorna kunde skjuta i höjden med detaljrika rapporter från slagfälten. Med Krimkriget gjordes det första försökt att använda civila reportrar till att förmedla krigsrapporter till hemlandet. Rapporter hade tidigare lämnats av i kriget deltagande officerare, som förmedlade tillrättalagda rapporter. Först ut med krigskorrespondent var Londontidningen Times 1853. Detta var omvälvande i journalistikens historia. Den nära och täta rapporteringen härifrån blev något helt nytt. Det rapporterades om hur felaktiga order medförde ödesdigra slag där ett stort antal liv gick till spillo helt i onödan. Än fler liv gick till spillo i den undermåliga och nästan obefintliga sjukvården där soldaternas fick utstå stora lidanden. Rapporteringen och kritiken om dessa missförhållanden togs mycket illa upp av den brittiska regeringen och innan krigets slut utfärdades en order om militär censur, som även den var den första i modern tid. Nu blev det svårare att rapportera från krigsskådeplatserna. Den censur som infördes under Krimkriget blev ytterligare utvecklad under första världskriget. Den var stenhård och för att kunna kringgå den var reportrarna tvungna att uppbåda alla tänkbara knep. I början förbjöd Storbritannien reportrar att befinna sig vid fronten. Senare fick en del följa armén, men med en censor som läste allt som skrevs. I Tyskland togs journalisterna in och blev som en del i den allt större propagandaapparaten.[16] Krig anses gynna eller åtminstone förändra massmedierna. Första världskriget var det krig som allra störst kom att förändra tidningarna, det var också det sista stora tidningskriget. Det som skedde härefter var inte bara att antalet tidningarna till en del ökade utan att de blev mer omfångsrika. Upplagorna ökade, mycket beroende på att tidningen anpassades efter vad läsarna ville ha. För första gången tog man konsekvenserna av vad läsaren ville ha. Under hela 1920-talet blev de publikknipande journalistiska greppen använda i de traditionella dagstidningarna. Nu utvecklades också det moderna rubrikväsendet.[17] Det som pressen producerar är ett tidsrum som är gemensamt för journalisten och hans läsare av den beskrivna världen. De väsentliga begreppen "vi", "här" och "nu" är de som för det mesta skapar en slags realism i det som skrivs i tidningarna. Pressen har en del tekniker för att uppnå detta, bland annat direktrapportering. Inför folkomröstningen i Saar hade flera tidningar utsända journalister som rapporterade direkt på plats. På det viset förmedlade och skapade reportagen härifrån upplevelser av samtiden. Förutom det nya rubrikväsendet sker det nu också en övergång från notiser till artiklar, vilket inte innebär att notisen försvinner. I nyhetsartiklarna söker journalisten andra utgångspunkter, exempelvis en uppföljning. En notis om ett intermezzo ena dagen i Saar kunde andra dagen följas upp i en artikel om vilka konsekvenser intermezzot fick. Omkring 1930 dyker också de första bilderna upp i den här typen av refererande nyhetsrapportering. Personer kommer också till tals direkt i form av citat föregånget av det klassiska pratminuset (-). Det som då var pressens radikala förändringar betraktas idag som pressens tradition, det som tillkommit är intervjuns utfrågningar och den grävande journalistiken.[18] En tidig konkurrent till tidningarna var filmen, men det som verkligen utgjorde ett hot var radion. Den infördes när tidningarna var väl etablerade och blev behandlad så att dess egenskaper inte utvecklades. Telegrafstyrelsen var aktiv i det spel som gjorde att det blev Radiotjänst som skulle sköta sändningarna, vilka började den 1 januari 1925. En viktig roll kom TT, tidningarnas telegrambyrå, att spela. Byrån ansågs som opartisk och saklig. Då det fanns gemensamma intressen från staten, Telegrafstyrelsen, tidningarna och TT skapades ett företag som enbart skulle förmedla nyheter från TT och att göra det på tider som skapade så lite konkurrens som möjligt för tidningarna. Framgången för Radiotjänst kom nästan omedelbart, antalet sändarstationer var under en period fler än i något annat europeiskt land. För många lyssnare hade kommunikéerna från TT en sådan trovärdighet att man inte ifrågasatte dem. Denna objektivitet uppfattades också till det material som förmedlades till tidningarna. De telegram som TT lämnade angående Saar var många gånger baserade på den tyska radions nyhetsuppläsningar.[19]

Under mellankrigstiden hade nationalismen och nationer sin storhetstid för att kulminera under 30-talet med den avart som växte fram i Tyskland. Nation och nationalitet kan ha två helt olika betydelser. Den första betydelsen har koppling till statstillhörigheten och den grupp av människor som är medborgare i en viss stat och som delar gemensamma värderingar. Det är inom den här betydelsen som begreppet patriotism brukar användas.

Den andra betydelsen berör specifika grupper som är åtskilda genom härstamning och kulturella faktorer. Även religion och språk kan vara särskiljande faktorer. I denna andra betydelse blir nationaliteten lika med begreppen "folk" eller "etnisk grupp".[20] Mycket i Wilsons fjorton punkter utgår från nationer, nationella förhållanden, det vill säga befolkningens förhållanden.

Under 1800-talet framträder det inom kulturen i form av nationalromantiken inom såväl konsten som litteraturen.

Delacroix: *Friheten på barrikaderna.*

Framträdande svenska representanter var Anders Zorn, Carl Larsson och Verner von Heidenstam. Internationellt är "Friheten på barrikaderna" av Delacroix ett klassiskt exempel. Det hävdas ibland att de nationella tankarna fick sitt genombrott med det tal Johann Gottlieb Fichte höll 1808 till det tyska folket, *Reden an der Deutsche Nation*, tal till den tyska nationen. Det finns de som menar att nationalismen är ett kulturellt fenomen som sträcker sig långt tillbaka i historien. Andra däremot anser att nationalismen kom att utvecklas i samband med industrialismen och de nya teknikerna för masspåverkan. Den sociala masskommunikationen med de som kunde använda och utnyttja den samt hur infrastrukturen var uppbyggd hade stor betydelse och blev de verktyg som skapade den homogenisering som var nödvändig för nationsbildandet.[21] De tidigare framsteg som gjorts inom nationalismen sågs som raserade av första världskriget. Med Versaillesfreden och Wilson fick nationalismen och nationalitet som begrepp en nystart och ett dominerande användningsområde som aldrig förr. I de europeiska, demokratiska staterna hade nationalismen under mellankrigstiden funktionen av att hålla kvar och stärka de nationella banden. Det värdefulla i nationen och i den nationella samlingen lyftes fram som värdefulla. Nationalismen blev nu i högre grad en form av ideologi för gemensamhet. Det handlade framför allt om att ytterligare svetsa samman befolkningen inom det egna landet. Nu var detta möjligt på ett helt annat sätt än tidigare tack vare de moderna medierna och uttrycksmedlen, som till exempel radion och filmen. Prioriteringen var att skapa nationell samling inom den egna nationen.[22] I industriländerna var det kraften av nationalismen som var den framträdande faktorn. Det var en värld fylld av symboler som kungar, flaggor och nationalhymner, som gärna hånades av socialdemokraterna men som ändå framträdde inom både det kulturella och inom politiken. Så småningom insåg socialdemokratin att detta inte kunde bekämpas som någon enbart borgerlig uppfinning, utan den behövde accepteras och införas i den socialdemokratiska begreppsvärlden. Även en proletär har ju ett fosterland. Engberg i partistyrelsen ansåg att partiet behövde protestera mot högerfrontens försök att lägga beslag på alla nationella värden genom att vid årets 1 maj-demonstration medföra en svensk flagga jämsides med den röda.[23] Med åren utvecklades en demokratisk nationalism som menade att arbetarrörelsens sociala mål var de samma som nationens, det var socialdemokraterna som var de verkliga nationalisterna. Men beteckningen kunde vara farlig eftersom klassbegreppet kom i skymundan. Folk ses inte i första hand tillhöra olika klasser med motsatta intressen, utan som individuella medborgare med ett gemensamt intresse. Att vikten av klassbegreppet tonas ner innebär inte att det försvinner, bara att det blir underordnat begreppen nation och medborgare. Ideologiskt får det också en annan, underordnad plats.[24] Löfgrens sammanfattning om den svenska nationalismen under den här tiden är att det som skapade vår nationalism var inte bara den svenska flaggan, nationalsången eller de världsberömda svenska vetenskapsmännen och kulturpersonligheterna. Det nya Sverige blev sammansvetsat genom nya former av gemenskap, beroende och lojalitet, detta kom att blomma ut under den senare delen av mellankrigstiden.[25] I materialen kring Saarbataljonen, från beslut om deltagande till dess hemkomst, förekommer kontextuellt både nationalism och patriotism.

Referenser

[1] Keynes, John Maynard, 1922.

[2] Das Bundesarchiv.

[3] Schuker, Stephen A., 1976.

[4] Karlsson, Klas-Göran, 2014.

[5] Johansson, Rune, 1993.

[6] Stirk, Peter M.R., 2001.

[7] Pugh, Michael, 2002.

[8] E.R., i Die Zeit, 21/1953.

[9] Nordin, Svante, 2005.

[10] Gibbon, Luke & Finn, Tara, 2015.

[11] Carr, Edward Hallet, 1941.

[12] Ferrell, Robert H., 1952.

[13] Carr, Edward Hallet, 1941.

[14] Lönnroth, Erik, 1959.

[15] Ekecrantz, Jan & Olsson, Tom, 1998.

[16] Knightley, Philip, 2004.

[17] Gustafsson, Karl Erik & Rydén, Per (red.), 2001.

[18] Ekecrantz, Jan & Olsson, Tom, 1998,
    se även Lundström, Gunilla, 2004.

[19] Gustafsson, Karl Erik & Rydén, Per (red.), 2001,
    se även Hadenius, Stig 2000.

[20] Johansson, Rune, 1993.

[21] Deutsch, Karl W., 2001.

[22] Hobsbawm, Eric, 1994.

[23] Isaksson, Anders, 2001.

[24] Hallberg, Mikael & Jonsson, Tomas, 1996,
    se även Linderborg, Åsa 2001.

[25] Löfgren, Orvar, 1993.

Regeringskommissionens sigill/emblem.

Situationen i Saar efter Versailles

Inspirerade av revolterna i Kiel och Berlin samt det Arbetar- och soldatråd som bildats i Köln hade fackföreningsledare i november 1918 förhandlat med företrädare för staden Saarbrücken. Den 9 november samlades 150 soldater och arbetare vid centralstationen och drog sig sedan till fackföreningshuset där de utsåg ett arbetar- och soldatråd. På kvällen samma dag samlades folk på rådhusplatsen där det då kungjordes att timmen också var slagen i Saarbrücken för ett fritt folk. Målet var en socialistisk republik där lugn och disciplin var nödvändigt för att det skulle kunna genomföras. Runt om i Saarområdet bildades nu liknande råd. De soldater som ingick i råden kom från de ersättningsstyrkor som var förlagda i området. Det var i allmänhet meniga soldater, men det förekom även en del officerare. Av arbetarna var majoriteten socialister och medlemmar i den fria fackföreningsrörelsen. Avgörandet för att förloppet inte blev blodig eller för att väpnade motsättningar inte utvecklades berodde helt på det avtal som den militäre kommendanten general von Unger upprättade. Medlemmar från arbetar- och soldatrådet samt landsrådet von Halfern undertecknade ett avtal med von Unger, som där avsade sig alla befogenheter som inte berörde de rent militära. De civila förband sig från sin sida att svara för den inre säkerheten, för lugn och ordning samt för skyddet av personer och egendom.[1]

Inledningen av november 1918 var generellt sett dramatisk. På slagfältet blev Tyskland tillbakatryckt efter den så kallade hundradagarsoffensiven samtidigt som det allmänt förekom massdeserteringar inom den tyska armén. På hemmafronten var den hungrande befolkning missnöjd, vilket ledde till omfattande uppror. Revolter för ett rättvisare samhälle hade olika politiska variationer och var oftast blodiga då grupperna var beväpnade. I detta sammantaget besvärliga läge bad Tyskland om vapenstillestånd den 8 november och fick ta emot ett redan upprättat stilleståndsavtal. Det var inte förhandlingsbart utan skulle antas eller förkastas senast den 11 november. I avtalet ingick bland annat att de tyska styrkorna skulle dras tillbaka inom 15 dagar och att de allierade skulle ockupera västra sidan av Rhen. Den 21 november marscherade de sista tyska trupperna i ett ordnat tillbakadragande ut genom Saarbrücken och Saarlouis. Med blommor och fanor visade befolkningen sin uppskattning och tillgivenhet för den i fält, enligt deras åsikt, obesegrade tyska hären. Men när de franska styrkorna ryckte in några timmar senare var allt detta borta. En fransk förtrupp i Saarlouis förklarade att staden var ockuperad. En kungörelse skulle läsas upp för befolkningen, men ställdes in eftersom det var så få människor som dröjde sig kvar på gatorna. Följande dag krävde en major Tuffrau att stadens borgmästare den påföljande dagen vid stadsgränsen högtidligt skulle ta emot den då ankommande general Lecomte och att medborgarna med tvång skulle hälsa den franska överhögheten och officerarna. Det första kravet motsatte sig borgmästaren och när det gällde det andra kravet sade han sig vara tvungen att rådgöra med stadsfullmäktige. Innan detta skedde överlämnade major Tuffrau återigen frågan från general Lacomte:

> ...om Saarlouis´stadsförvaltning frivilligt och utan påtryck-
> ning från vår sida vill ta emot honom och de franska trup-
> perna vid inträdandet i staden ...

Borgmästaren meddelade att stadsfullmäktige enhälligt hade avslagit frågan med följande motivering:

> Stadsfullmäktige i Saarlouis beklagar livligt att herr general Lacomte med sina trupper inte kan bli officiellt mottagna emedan tyska generaler och tyska trupper hittills aldrig blivit officiellt mottagna.[2]

Ockupationen av en fientlig armé var något helt nytt för befolkningen i Saar. Ingen hade heller någon erfarenhet av en främmande segermakts militärförvaltning. Befolkningens nationalistiska känslor ledde snabbt till ett avståndstagande, en distans, som relativt snart övergick till att bli ett väldigt spänt förhållande till ockupationen och ockupanterna.[3] De krigsmetoder som den franska armén tidigare utövat mot Saar kunde de inte regelrätt tillämpa efter att vapenstilleståndet slutits. Men åtgärderna under ockupationen blev som något av en återgång till krigsförhållandena med svåra förhållanden för befolkningen under ockupanternas våld. Det var inte bara ett brott mot intentionerna i vapenstilleståndsavtalet utan också mot internationell moral när de till och med försökte undertrycka den erkända rätten till självbestämmande som befolkningen i Saar hade.[4]

Den europeiska gemenskap och stolthet som befolkningen trots allt kunde uppleva drabbades svårt genom närvaron av annamitiska och afrikanska soldater i ockupationsarmén. Till det hat som var rent nationalistiskt motiverat kom nu även det rasistiskt motiverade.[5] I ett så starkt katolskt dominerat område som Saar blev detta hat ytterligare underbyggt när ockupationsmakten 1919 lät bygga en moské på exercisplatsen i Saarbrücken.

Moské i Saarbrücken 1919.　　　　　Foto: Stadtarchiv Saarbrücken

Marskalk Foch, som i sin egen järnvägsvagn genomförde vapen-
stilleståndet, var de allierades högste befälhavare. Han vilade inte på
lagrarna utan såg till att området uppdelades med egna militära
styrkor och befäl, vilka i sin tur stod under befäl av general
Andlauer, "Administrateur supérieur de la Sarre." Foch spann
snabbt vidare och bildade en ny förvaltning under ledning av en
erfaren administratör. Härigenom skaffade sig Foch ett instrument
för att kunna kontrollera politiken, administrationen och ekonomin
inom det ockuperade området. Från att i inledningen ha varit en
nästan helt fransk administration tillkom under april 1919 även
amerikaner, belgare och britter. Andlauer byggde upp en bred och
varierande förvaltning. Redan i slutet av november 1918 hade det
för gruvindustrin bildats ett Gruvkontrollråd, som strax fick sin
efterföljd i ett motsvarande råd för stålverken. Båda dessa råd

övervakade minutiöst produktion, beläggningsgrad, försäljning och prissättning samt betalnings-förbindelser. Rådet hade kontroll även över brevväxlingarna med tyska och utländska myndigheter. Däremot kontrollerade råden inte järnvägarna som sköttes av ett allierat råd i Trier.[6] På väldigt kort tid hade fransmännen tagit kontroll över de stora tillgångar som Saarområdet representerade. De utnyttjade ockupationen till att uppnå ett politiskt och industriimperialistiskt mål, tvärtemot de regler som låg i vapenstilleståndsavtalet, vilket skulle vara förberedande till Versaillesfreden.[7]

I det mer personliga umgänget var det ganska sällan som det klagades på de meniga soldaterna. Helt annorlunda betedde sig officerarna och särskilt de yngre. De beskrevs som att de ville framstå som segrare ut i varje tum när de gick genom gatorna med ridspö i handen och tycktes vädra efter sammansvärjningar, motstånd och hat. Militärkommandot krävde lugn och disciplin inte bara av befolkningen utan i lika hög grad av sig själva. Av så kallat säkerhetsskäl var folksamlingar förbjudna. Mer påtagligt var de okänsliga ingrepp som påverkade befolkningens inställning och dagliga liv såsom nattligt utegångsförbud, tvång att ha passersedel för resa mellan två orter inom området samt kontroll av bagage och kontanter. Dessutom var varje tysk medborgare i det ockuperade området underställd varje enskild fransk soldat oavsett grad. Denne var överordnad och hade alltså generell och obegränsad befälsrätt över de ockuperade. Detta var ett offentligt missbruk av ockupanternas rätt, som general Andlaur dock tidigare hade garanterat inte skulle missbrukas. Det infördes censur för de saarländska tidningarna samt införselförbud av tidningar från tyska områden som inte var ockuperade.[8] Ockupationsarmén höll området i ett järngrepp och styrde det efter eget gottfinnande. Gruvarbetarna tvingades under militärt hot till en form av tvångsarbete. Men i mars 1919 hade gruvarbetarna fått nog. När militären krävde en längre arbetsdag gick de i strejk, vilket besvarades med en deklaration om stränga straff om de inte gick tillbaka till arbetet. I sin första proklamation meddelade general Andlauer att 21 av de strejkande skulle ställas inför krigsrätt och dömas till fängelse mellan två till fem år. De övriga skulle med tvång skickas till sina hemorter med järnväg. I en andra proklamation meddelades att varje uteblivande från arbetet kom att betraktas som en fientlig aktion. De militära bestämmelserna genomdrevs med så obönhörlig styrka att strejken kom att upphöra efter kort tid.[9] Anmärkningsvärt är att befolkningen inte omfattades av ett civilrättsligt system med civila domstolar utan kom att behandlas utifrån ett militärt system med krigsrätter. Ett unikt förhållande som kom att existera under relativt lång tid framöver. Samtidigt som militären höll befolkningen i ett hårt grepp försökte de samtidigt få dem mer franskvänliga. Sätten att göra det varierade, bland annat genomfördes att undervisning i franska skulle vara obligatoriskt i alla skolor från klass 1 till och med klass 8. De franska styrkornas parad vid firandet av nationaldagen var inget som bidrog till att göra befolkningen mer franskvänlig, snarare tvärtom. När fredsvillkoren började bli kända i maj 1919 släppte militär-förvaltningen en del av de restriktioner som de hade lagt på befolkningen. General Andlauer bestämde att befolkningen i Saarområdet inte längre skulle betraktas som fiender. Det beslut som innebar utvisning av 400 gruvarbetare efter den senaste strejken blev upphävt. Som en försonlig gest till gruvarbetarna

godkände militärförvaltningen 7½ timmars skift i underjordsgruvor
och 8 timmars skift i ovanjordsgruvor.

Fransk trupparad i Saarbrücken på franska nationaldagen.
Foto: Stadtarchiv Saarbrücken.

Trots att de katolska och fria fackföreningarna tillsammans träffat
avtal med arbetsgivarna var förhållandena svåra för befolkningen.
På hösten 1919 försämrades situationen snabbt för
arbetarfamiljerna, levnadsstandarden sjönk till en nivå under den
som varit före kriget. Den yngre generationen ville efter fyra års
krig med hunger och umbärande nu få ett drägligt liv. De flesta
familjerna hade inte råd att köpa potatis och kol inför den
kommande vintern medan andra kunde leva i sus och dus genom
svartabörsaffärer. I oktober inledde gruvarbetare och
järnvägsarbetare i Burbach en strejk. Den fick omedelbart
efterföljare, vilket till slut blev en generalstrejk i hela området – den
första i Saarområdets historia. Det ledde tyvärr också till

plundringar av affärer och allmänna oroligheter. Kraven från de strejkande var lägre pris på potatis och kol samt att det skulle finnas tillräcklig tillgång av livsmedel. Politiskt ville de ha fri mötesrätt och fackföreningsrätt, införande av en egen saarländsk valuta samt att snarast bilda en saarregion. Därutöver krävde de att kolonialtrupperna skulle dras tillbaka. Ockupationsmakten kunde naturligtvis inte acceptera varken förhållandena eller de ställda kraven. General Andlauer deklarerade att området var under belägringstillstånd och satte in alla tillgängliga militära tvångsmedel för att återställa lugn och ordning. Redan i mitten av oktober hade mer än 600 personer häktats. Var och en som påträffades med plundrade föremål eller med vapen blev genast ställda inför krigsrätt, civil domstol var inte införd. En militärpatrull hade vid en rutinkontroll den 7 oktober påträffat en pistol hos gruvarbetare Jakob Johannes. Nästa morgon blev han i militärdomstol dömd till döden för mordförsök. Redan den 20 oktober, utan rätt till överklagande, verkställdes dödsdomen genom att Jakob Johannes sköts.[10] Det rent militära betraktelsesättet och agerandet verkar främmande i förhållande till andemeningarna och skrivningarna i fredstraktaten från Versailles. Dessa var vid tiden allmänt kända eftersom de undertecknades i juni, fyra månader tidigare. Även om fredsavtalen inte trädde i kraft förrän i januari skulle agerandet kunnat ha getts en mer civil inriktning, särskilt som NF då också startade sin verksamhet. NF grundades den 10 januari 1920, samma datum som Versaillesfreden trädde i kraft, och var det datum då NF genom sin regeringskommission skulle administrera Saarområdet. I praktiken togs de första stegen till kommissionen först i februari. NF:s Råd hade utsett den grekiske representanten Demetrus Caclamanos att göra undersökningar för att komma igång med kommissionen. Han lämnade flera rekommendationer. Den första han lämnade och som ses som startpunkten för kommissionen var den där han rekommenderade att ordföranden för kommissionen skulle vara fransk.[11]

Den 13 februari 1920 sammanträdde NF:s Råd och utsåg då regeringskommissionen. Vid detta möte lämnade Rådet också anvisningar för kommissionens arbete, inte bara generella principer i enlighet med fredstraktaten utan även mer detaljerade anvisningar i speciella frågor. Rådet var ytterst ansvarigt för området, men lämnades i förtroende över till kommissionen.[12]

Regeringskommissionen 1921:
Sittande från v. Jacob Hector, Victor Rault, Jacques Lambert
Stående från v. Adam de Moltke-Hvitfeldt, Richard Waugh

Den franske administratören Victor Rault utsågs till ordförande för regerings-kommissionen och skulle ansvara för nyckelposterna inrikes- och utrikespolitik, handel, industri och arbetsmarknad. Även om han kanske var en duktig administratör var han dessutom en enkelriktad fransk nationalist, till och med anklagad för att vid tiden för Versailles öppet ha förordat en annektion av Saarområdet. Han hade inga kunskaper i tyska språket och hade ingen kännedom om mentaliteten hos den befolkning, som han med sina kolleger skulle regera över. En ovärderlig hjälp hade han i kommissionens sekreterare Jean Morize, som hade god kännedom om Tyskland och de tyska problemen. Två andra medlemmar i kommissionen hade en franskvänlig inställning och kunde förväntas ha sina sympatier hos Rault. Den förste var den belgiske majoren Jacques Lambert, som på sin lott fick ansvar för allmänna arbeten, järnvägarna och postservicen. Den andre var den danske greven och frankofilen Adam de Moltke-Hvitfeldt, som bodde i Paris och som var väl insatt till den franska inställningen. Han kom under hela tiden att stödja en franskvänlig politik och de franska propagandaförsöken att omvända den tyska befolkningen. I kommissionen ansvarade han för utbildning, välgörenhet, sjukfrågor och socialförsäkringar. Landsrådet Alfred von Boch från Saarlouise var Saarområdets representant i kommissionen. Han var inte någon kraftfull man, som emellertid inte hade någon beundransvärd situation. Om han stödde kommissionens beslut kunde han räkna med kritik från befolkningen, gick han emot kommissionens förslag kunde han räkna med osämja inom kommissionen. Under kommissionens inledande år kom representanten från Saar att skifta ganska ofta. Den som efterträdde von Boch var doktor Jakob Hector från Saarlouis, vilken ansågs vara frankofil. Det var således en kommission under uppbyggnad där medlemmarna tycktes ha franska sympatier. Undantaget var den femte medlemmen, som var den canadensiske Richard Waugh, tidigare borgmästare i Winnipeg. Hans ansvarsområden blev justitiefrågor och jordbruksfrågor. Han var en hängiven anhängare av NF och ville att fredstraktatens villkor med hänsyn till Saar skulle genomföras av kommission utan fruktan eller favorisering. Naturligtvis kom han med den inställningen allt som oftast på kollisionskurs med ordförande Rault, som han kritiserade för att hålla en alltför pro-fransk linje.[13] Det kan vara så att ingen internationell kommission har haft en svårare uppgift än den Regeringskommission hade, nämligen att administrera Saarområdet. Å den ena sidan kände den tyska befolkningen till den fransk-ryska överenskommelsen om Saar som gjordes redan under kriget, de var också väl medvetna om den franska attityden vid Versaillesförhandlingarna. NF:s agerande uppfattades av befolkningen som en förlängd fransk ockupation. Det fanns en tro om att Tyskland skulle kunna ge ett moraliskt stöd om kommissionens arbete saboterades så att ett nytt styrelseskick kunde uppnås. Å den andra sidan hade kommissionen ett tungt ansvar att genomföra de rigorösa bestämmelser som fastställts i fredstraktaten och att samarbeta med Frankrike i dess rätt att utnyttja gruvorna. Detta samtidigt som de skulle försöka övertyga befolkningen om att det var i deras intresse. Den 25 februari 1920, dagen innan kommissionen anlände till Saarbrücken, utfärdade de en deklaration till invånarna i Saar. Avsikten var att hindra och undvika försök till att gå emot den ställning som kommissionen getts samtidigt som det förklarades efter vilka regler som den var satt att styra området. Det förklarades tydligt att kommissionens

kommissionen omedelbart rätten att fritt resa inom området, upphävde censuren av brev och tog en del steg för att återställa pressfriheten. De upplöste de militära polisdomstolarna och försäkrade att framöver skulle ingen invånare i Saar bli instämd inför krigsrätt. Dessutom kungjordes en författning om amnesti, som omfattade utdömda straff avgjorda i de militära polisdomstolarna. Det meddelades också att en del andra liknande lättnader skulle följa.

Fransmännen hade alvarligt hoppats att en hänsynsfull politik skulle vinna befolkningens förtroende. Det deklarerade målet var att Saarområdet skulle anslutas till Frankrike. Till allmän förvåning för fransmännen stötte de nästan överallt på reservationer, avböjanden och ett illa dolt fiendeskap. Betecknande var den förvirrade föreställning som de olika franska politiska partierna hade om befolkningen i Saar. Utrikesministeriet i Paris stödde sig på den uppfattning som Rault representerade, han uppfattades inneha en oomstridd fackkunskap. Han ansåg att befolkningen var alltigenom tysk. Den bild av saarländarna som Rault tecknade var att de enbart levde för sina materiella intressen, en nationalkaraktär, som en profransk propaganda kanske tidigare skulle kunnat ha förändrat, men som nu inte längre var att räkna med. I Paris hade man därför helt riktigt kommit fram till att det inte framträdde någon specifik saarländsk nationalitetskänsla, utan dragit slutsatsen att befolkningen kände sig tillhöra det tyska riket, den tyska nationen.

I Paris blev Saarområdet överflyttat från Clemenceaus "Service Spécial" till en direktion för affärs- och handelspolitik inom utrikesministeriet. Man var där övertygade om att Saarområdet snart skulle bli en oavhängig stat med Frankrike, liksom de andra staterna som hade skötts av utrikesministeriet. Det ansågs som mindre klokt att sköta saarangelägenheterna från ett ställe som inte var kompetent att hantera de andra bestämmelserna i Versaillesfördaget. Den nya direktionens huvuduppgift var att bevaka de båda viktigaste instrumenten för inflytande i Saarområdet. Det var dels gruvadministrationen och dels Regeringskommissionens ordförande Rault. Utåt sett och för att med ett visst samvete visa sin oavhängighet skulle Rault meddela sig med den franska regeringen genom den franske delegaten i NF, men i hemlighet korresponderade han ändå direkt med utrikesministeriet i Paris, Raults rapporter förmedlades dit av anställda inom gruvförvaltningen. Det franska utrikes-ministeriet hade under sin saaravdelning bildat en blandad kommission. I november 1922 samlade denna kommission för första gången alla av Saar berörda medarbetare till ett möte i Paris. Mötets uppgift var att den franska saarpolitiken skulle ges en enhetlig inriktning och att gruvadministrationen och Rault skulle få de nödvändiga instruktionerna för att förverkliga kommissionens presenterade idéer. Det var ett stort möte där utrikesministeriet, finans- och arbetsministeriet samt gruvministeriet hade skickat representanter. Där var också representanter från alla de ministerier som på något sätt hade beröring med saarproblematiken. Även Rault hade kommit dit från Saarbrücken. Vad som kom fram var egentligen helt vanliga riktlinjer som bland annat att vinna befolkningens förtroende genom en förbättring av det ekonomiska och sociala läget. Att omsätta detta i praktiken överlämnades till representanterna i Saarområdet. Den franska regeringen satte sin förhoppning till det arbete som Rault gjorde i

Regeringskommissionen och det som gruvadministrationen gjorde. Redan 1920 hade han därför till det franska utrikesministeriet föreslagit att det i hemlighet till hans förfogande skulle inrättas en fond med vilken han kunde bygga upp en egen propagandaapparat och grunda ett passande pressorgan. För allt detta räckte inte de ekonomiska medel för propaganda som han tilldelats. Rault tilldelades varje månad 15 000 franc från utrikesministeriet via dess representant i Saarområdet. Av beloppet skulle 10 000 franc användas till sociala ändamål och 5 000 franc till propaganda och liknande. Utöver den propaganda som Rault skulle sköta genom sitt arbete i Regeringskommissionen satsades det bland annat på tidningar. Att starta en ny tidning bedömdes bli allt för dyrt varför man subventionerade franskvänliga tidningar. Tidningen "Neuen Saar-Kurier" fick varje månad 15 000 franc i subventioner, läsekretsen var liten eftersom dess franska tillhörighet var så uppenbar bland befolkningen. "Saarlouiser Journals" misstag var att man också här tydligt kunde utläsa en genomgående fransk saarpolitik, vilket medförde minskande upplagor och att kostnaderna för dess överlevnad därmed blev allt högre. På förslag från Rault startades arbetartidningen "Saar-Tribüne" i maj 1922. Den trycktes hos "Neuen Saar-Kurier" och en del av deras artiklar användes liksom att några av deras medarbetare utnyttjades. Tidningen uppfattades av invånarna redan från starten som ett inte oberoende pressorgan och läsekretsen blev blygsam. Kostnaderna blev även för denna tidning alltför höga, i oktober samma år var nedläggningen oundviklig.[16]

Raults agerande gick i stor omfattning ut på att gynna och bevaka franska intressen och att i mindre grad ta hänsyn till Saarområdets bästa. En fransk plan för området vara att det skulle bli ett eget biskopsdöme istället för den nuvarande uppdelningen mellan Trier och Spyer, men förslaget tilltalade inte alls Vatikanen. Rault begärde då att den franska regeringen skulle be Vatikanen inrätta en kyrklig administration och att öppna ett eget prästseminarium i Saarbrücken. Han kunde inte själv utföra detta då det skulle kunna ses som en åtgärd gentemot Tyskland. Dessutom var de båda biskoparna uppskattade av befolkningen varför han inte heller kunde framföra sin begäran i befolkningens namn. Det profranska agerandet gick inte obemärkt förbi, befolkningen var väl medveten om det. Från franskt håll var men omedveten om hur befolkningen uppfattade deras agerande. Det sågs inte med särskilt bliga ögon när Regeringskommissionens Rault och Lampert stod på hedersläktaren i Saarbrücken och hyllade den franska militärparaden när den franska nationaldagen firades.[17]

Just närvaron av den franska militären i området var minst sagt problematisk och det av flera anledningar. Enligt fredstraktaten skulle Regeringskommissionen bygga upp ett Gendarmeri som skulle upprätthålla ordningen och skydda befolkningen. Rault var däremot nöjd med att ha tillgång till den franska militärmakten, i inledningen undvek han uppbyggnaden av poliskåren för att senare genomföra den i en blygsam skala. Förutom befolkningens generella motstånd och hat till att vara ockuperade av franska styrkor fanns det en ytterligare aspekt av detta. Från det tidiga 1920-talet fanns det i ockupationsstyrkan ungefär 25 000 franska kolonialsoldater, där huvuddelen kom från Algeriet, Marocko och Tunisien. En mindre del från Indokina, Madagaskar och Senegal. Genom att stationera de koloniala trupperna i Saar och Rhenlandet kunde Frankrike demobilisera sina europeiska soldater för att de därigenom kunde komma hem och återuppbygga det franska samhället. Det fanns dessutom ett inslag av psykologisk krigföring med att använda de koloniala trupperna. Tyskland hade i Versailles förlorat alla sina kolonier och var nu ockuperat av koloniala trupper. Denna närvaro upplevdes som en oerhörd förödmjukelse, som var

Omslaget till satirtidningen Kladderdatsch

ett slags omvänd kolonialism som tillät dessa män att vakta över tyska män. Protesterna mot Frankrikes afrikanska soldater fick det rasistiska epitetet "Svart skymf" (Schwartze Schmack) och syftade i huvudsak på de påstådda sexuella övergreppen som de afrikanska soldaterna utövade mot de tyska kvinnorna och barnen. Indignationen gick från alvarligt bekymmersamt till närmast hysterisk när ryktet spreds att de koloniala soldaterna helt gav efter för sina sexuella impulser och inte tvekade att våldta tyska flickor. Förhållandena utnyttjades maximalt i den propaganda-kampanj som drogs igång. Afrikanska barbarers våldtäkter av oskyldiga tyska flickor blev en metafor för den brutala underkastelse som Tyskland utsattes för i Versaillesfreden. I Tyskland fanns det en bred politisk uppslutning kring protesterna mot Schwartze Schmack. Till och med en delegat i den tyska riksdagen uttalade sig om de här soldaterna. Han menade att den befolkning som dessa "stackars mänskliga djur" tillhör kan inte ha några högre värderingar.

Satirtidningen Kladderdatsch och många nya propagandaskrifter tog upp ämnet mer eller mindre överdrivet. I en propagandaskrift beskrevs förhållandena:

> Offren för den otyglade bestialiteten från de färgade
> monstren hittas halvdöda på ängar ochi diken, kläderna
> rivna i trasor, många med skador,som tydligt visar hur
> hänfallet djuret är mot sitt beklagansvärda offer. . .
> den svarte soldaten lever bara ut sin naturliga drift . . .

Propagandan fick även ett stort internationellt genomslag som ledde till en intensiv och våldsam debatt. Den fördömde de koloniala truppernas bestialitet och krävde deras tillbakadragande från de ockuperade områdena. Det franska svaret på den här stormen var tvetydigt, de förnekade anklagelserna å den ena sidan medan de å den andra sidan drog tillbaka dessa styrkor. Ett förhållande som kanske därför ändå visade att misstankarna inte var obefogade. I den internationella debatten deltog också den halvofficiella kvinnoorganisationen Rheinische Frauenliga, som samordnade protesterna mot Schwartze Schmack till ett stort antal kvinnoorganisationer. Ofta använde de feministiska, internationella nätverk för att sprida propagandan internationellt.[18] Från svenskt håll kom Elin Wägner att engagera sig i den för kvinnorna så utsatta situationen. Hon beskriver hur de franska soldaterna med påsatta bajonetter behandlar befolkningen på ett sätt som ställer sig över alla regler för ett hederligt uppträdande. Wägner menade att de som glömdes bort var de tyska kvinnorna som blev våldtagna av de franska kolonialtrupperna. De som bröts ner och utnyttjades av en mörkhyad soldats lusta letades fram för att deras historia skulle kunna spridas ut över världen, främst Amerika. En annan sida av kvinnornas öde var att de kom ut i offentligheten. De tvingades att gå igenom den franska krigsrättens skärseld. De fick defilera förbi den koloniala truppen och se in i varje ansikte för att kunna identifiera gärningsmannen. De pekar ut någon, han nekar. Ny undersökning och förhör där det oftast är kvinnorna som blir förhörda om detaljerna. Blåmärken och bajonettrispor på brösten undersöks. En oundviklig följd blev en social vanära för dessa stackars kvinnor.[19]

Elin Wägner brevväxlade och hade kontakt med Hjalmar Branting, som representerade Sverige som permanent medlem i NF:s Råd. Han hade tidigare vid flera tillfällen uttryckt sina synpunkter på att regeringskommissionen inte hade börjat bygga upp den egna skyddsstyrkan, gendarmeriet, i enlighet med bestämmelserna i fredstraktaten. Kommissionen hade förhalat detta och i stället låtit de franska styrkorna vara kvar. Det var kanske en bra lösning för Rault och kommissionen, men inte för befolkningen och definitivt inte för Branting som hade läst Elin Wägners redogörelser. Till detta kom även den franska ockupationen av Ruhrområdet, vilken motiverades med att de tyska krigsskadeståndsbetalningarna hade uteblivit och försenats. Ockupationen ledde till strejker, som inleddes i Ruhrområdet för att sedan åtföljas i Saarområdet. I det läget hade Gruvadministrationen begärt att i Saar utöka de franska trupperna, vilket också skedde. De franska trupperna uppgick till mellan fem och sex tusen man, det gendarmeri som fanns var mycket blygsamt. Nya undantagstillstånd proklamerades med stränga straff för minsta avvikelse. Det uppstod ett förhållande liknande det som fanns vid ockupationen strax efter kriget. Branting tog initiativ till att Regeringskommissionen skulle utfrågas redan på Rådets när-maste möte, vilket den franske delegaten motsatte sig. Branting vidhöll sitt förslag och fick stöd av den brittiske delegaten Wood. Den berömda utfrågningen 1923 innebar att regeringskommissionen var kallad att inställa sig i Geneve för att redogöra för sitt agerande, vilket sågs som en extraordinär åtgärd. Rault förklarade att han gett sitt medgivande till att utöka de franska styrkorna och att han gjort det utan att ha rådfrågat de övriga i kommissionen. Han ansåg att han såsom inom kommissionen varande inrikesminister och ansvarig för den allmänna säkerheten visste vad som behövde göras. Först när trupperna kommit informerade Rault de övriga i kommissionen. Lord Cecil påpekade att det inte var ett acceptabelt förhållande att franska styrkor med franska officerare skulle svara för ordningen i området och att Rådet vid upprepade tillfällen begärt att ett lokalt gendarmeri skulle byggas upp. Han hoppades också att Rault nu kunde tala om när de franska styrkorna kunde dras tillbaka, vilket han replikerade med att han för tillfället inte hade något svar på. När Waugh blev utfrågad avslöjades helt öppet den spricka inom kommissionen som det från flera håll hade ryktats om och som inte heller framgått i de rapporter som Rault skickade till NF:s sekretariat. Waugh förklarade att han hade varit emot att proklamera undantagstillståndet. Han hade inte heller sett några av de terrorattacker som Rault beskrivit. En ytterligare del i kommissionens spricka var de officiella rapporterna till NF, där varje delegat redovisade sitt ansvarsområde. De saknades emellertid i den slutliga, ivägskickade rapporten, som var helt formulerad av Rault. Meningen med utfrågningen var inte att upplösa kommissionen eller ställa den vid skampålen. Men Lord Cecil och Branting fastslog att Regeringskommissionen dels var ansvarig gentemot Rådet för sitt agerande i enlighet med fredstraktaten och dels att alla medlemmarna i kommissionen var solidariskt ansvariga. I Geneve upplevdes utfrågningen ha varit konstruktiv, samtidigt surrade ryktena om personförändringar inom kommissionen. Rault satt kvar, men inom en månad lämnade Waugh in sin avskedsansökan. Han ersattes av sin landsman George Washington Stephens. Även greve Moltke-Hvitfeldt avgick innan mandattidens slut. När det gällde hans efterträdare hade det katolska prästerskapet gjort en framställning till Rådet om att utse en katolsk medlem. Detta eftersom 75% av befolkningen var katoliker och medlemmens ansvarsområde var utbildning. Rådet hade säkert beaktat detta när de utsåg den spanske katoliken Espinosa de los Monteros. Tyskland blev medlem av NF och med plats i Rådet

1926, samma år som Victor Rault avgick. Efter honom gick Stephens in som ordförande. Det här var uträknande inte bara för att eliminera eller åtminstone lätta på den tyska kritiken utan också för att ge kommissionen en moralisk ställning bland NF:s försvarare som den aldrig kunnat uppnå med en fransk ordförande. Ordförandeposten kom att innehas av brittiska diplomater, den siste ordföranden var sir Geoffrey George Knox. Det dröjde ända till 1928 innan den franska dominansen bröts, vilket skedde när belgaren Lampert avgick och ersattes av den finske Leo Ehrnrooth.[20] Med nya, neutrala medlemmar i regeringskommissionen och ett regerande för Saarområdets bästa blev stämningen lugn och fredlig. Åtminstone fram till dess att folkomröstningen närmade sig. Året 1933 kom Hitler till makten i Tyskland och som en konsekvens härav skedde det tyska utträdet ur NF senare under samma år. Det nationalsocialistiska partiet (NSDAP) hade fått en viss framgång mellan 1925 och 1933, men var ett parti med relativt litet stöd och bara cirka 25 000 medlemmar. NSDAP under ledning av Josef Bückel var ett av de partier som ville få Saarområdet att åter tillhöra Tyskland. Han insåg att den ursprungliga frågan var om Saar skulle tillhöra Tyskland eller Frankrike, för området var det egentligen bara en tysk-fransk fråga. Men vänstern med sitt parti Enhetsfronten (Einheits Front) ville att Saar även i fortsättningen skulle administreras under NF, det vill säga Status Quo, åtminstone till dess att Hitler och den nazistiska regimen inte längre styrde Tyskland. I propagandan ingick att utmåla NSDAP som hotfullt, man ville få Saar till Tyskland men inte till nazismen. Partiets ledare var den unge och karismatiske Max Braun. Valfrågan kom nu inte att bara handla om det tysk-franska utan om marxism, demokrati och nazism. För att frågan inte skulle glida över till att bli ett rent inrikespolitiskt slagfält in- såg Bückel att något måste göras. Lösningen blev att NSDAP upplöstes som valparti för att i februari 1934 tillsammans med fyra andra borgerliga partier bilda Tyska Fronten (Deutsche Front).[21] Det blev en ny plattform för valkampen i Saar, det nazistiska hotet var formellt borta och profileringen mot ett återvändande till sin tyska "Mutter" fick geh ör. För motståndarna var detta ett politiskt bakslag. I partiet fick NSDAP en något försvagad ställning, men de viktigaste ståndpunkterna var kvar och de viktiga posterna tillsattes från partiet, Till ledare för detta nya parti valdes Jakob Pirro, som var lierad med Bürkel, som senare utsågs till att vara ansvarig för propagandan inför folkomröstningen. Senare tillkom ytterligare ett parti som förespråkade status quo. Det var det prästerliga partiet Deutsche Volksbund für Christliche Gemeinschaft, som ville attrahera de som var anti-nazistiska och på samma gång anti-kommunistiska.Tillkomsten berodde till stor del på hur motarbetad den katolska kyrkan var av nazisterna i Tyskland, där till och med två präster och hundra andra dödats vid en av Hitlers blodiga kupper. Det var minst sagt kontroversiellt, biskoparna i Trier och Speyer var uppretade över denna utbrytning av uppemot 70 präster och undrade hur de skulle kunna arbeta i sina församlingar efter det att Saar hade återgått till Tyskland. Biskopen i Trier såg detta partis bildande som sitt bittraste minne under hela sitt biskopsämbete.[22] De katolska medlemmarna var särskilt viktiga att få som sina sympatisörer. Förutom att befolkningen var till så stor del katolska var också flera av fackföreningarna organiserade av den katolska kyrkan. Att organisera fackföreningar verkade inte vara möjligt utan ett kyrkligt hänseende. Detta hade sitt ursprung i Bonn och redan

1895 bildades i Saarområdet Verband det katholischen Berg- und Hüttenarbeitervereine im Saarrevier av en kyrkoherde. Redan efter fyra år hade föreningen cirka 9 400 medlemmar. Ordförande för de katolska fackföreningarna var uteslutande präster, som på detta sätt hade kontroll över fackföreningarnas aktiviteter och som dessutom

Affisch:
Deutsche Mutter-heim zu dir! (Tyska moder-hem till dig!)

var rent katolsk. Det var de katolska fackföreningarna som var de främsta förespråkarna för strejkerna 1923 i samband med den franska ockupationen av Ruhrområdet.[23] Det var alltså viktiga röster, som alla försökte vinna över på sin sida. Den heliga stolen höll med om att Saar var ett tyskt område som tillhörde Tyskland. Men så länge som spänningarna och svårigheterna gentemot kyrkan förekom i det tyska riket förhöll sig kyrkan därför neutral. Tyska Fronten argumenterade för att kyrkan skulle ta ställning för ett återförenande till Tyskland, men biskoparna förhöll sig fortfarande neutrala även om de meddelat sina församlingar att prästerna inte fick uttala sig på offentliga möten och inte heller från predikstolen. Tidigare under 1934 hade alla biskoparna vid en biskopskonferens beslutat att biskoparna i Trier och Speyer själva skulle avgöra om de skulle göra något offentligt ställningstagande. Men biskopen i Köln tog upp frågan på nytt och föreslog ett yttrande som skulle läsas upp från predikstolarna den 6 januari, en vecka före folkomröstningen. Det var en proklamation som uppmanade till att rösta för ett återförenande till Tyskland.

> . . .Som tyska katoliker ska vi pliktskyldigast stå upp för storheten, välfärden och freden för vårt fädernesland. . .

En kopia av proklamationen skickades till de övriga biskoparna för deras instämmande, vilket alla också gjorde.[24] Proklamationen var ett ställningstagande som definitivt påverkade valutgången och kanske till och med avgjorde den.Den franskvänliga Enhetsfronten drev sin propaganda till stor del genom pressen med tidningar som förde fram deras budskap,Till detta avsattes stora belopp för att hålla tidningarna levande. Tyska Fronten hade en annan taktik, man hade de så kallade kvartersvakterna (blochwarten). Varje plats, varje stad eller samhälle var indelat i celler, som leddes av en cellvakt. Under sig hade han ett antal av de för organisationen så viktiga kvartersvakterna. De hade endast några få hus att ha uppsikt över, ett kvarter i städerna eller några gårdar på landet. Övervakningen skedde på det mest noggranna sätt av de 20 till 30 personer som stod under kvartersvaktens uppsikt. Han såg till att de blev inskrivna som medlemmar i Tyska Fronten, att de på fastställda dagar flaggade med hakkorsflaggan och bevakade särskilt vilka tidningar de läste. Var det inte de rätta tidningarna uppmanades de att omedelbart byta tidning, med en antydan om vad som annars kunde komma att hända dem efter folkomröstningen. Journalisten Vinding hade rest runt i Saarområdet och insett vilken makt dessa kvartersvakter hade. De av befolkningen som är skrämda av detta viskar när vakten är i antåganden: "Var på din vakt! Det är kvartersvakten."[25] En källa till oro är den ordningstjänst som Tyska Fronten byggt upp och som är halv-polisiär och halv-militär bestående av nazister från S.A och S.S. En annan källa till oro bland befolkningen är polisen. Den polisstyrka som Regeringskommissionen har tillgång till är organiserad i tre olika kategorier. Den mindre delen är Saarbrückens stadspolis och ortspolisen med cirka 200 respektive 600 man, vilka bär blå uniform. De är kommunalanställda till skillnad av de statsanställda gendarmerna som uppgår till cirka 1 000 man och som bär kakifärgad uniform. Nästan alla gendarmer är före detta soldater och ser sin tillhörighet i första hand som tyskar och i andra hand som tillhöriga Regeringskommissionen. Inom stadspolisen finns en del kommunistiska emigranter, som förmodas agera på ett motsvarande sätt som gendarmerna, Av de här anledningarna hade regeringskommissionen satt upp en egen neutral polisstyrka, som var rekryterad från neutrala länder och bestod av 10 officerare och

30 polismän. Officerarna blev utsedda att ha befäl över gendarmerna i olika distrikt.[26]

I slutet av 1934 ökade intensiteten i valrörelsen samtidigt som det förekom ett ökande antal personer som var potentiella oroselement. Detta i kombination med en alldeles för underdimensionerad polisstyrka gjorde att Regeringskommissionen bad NF om hjälp med att kunna upprätthålla lugn och ordning i samband med folkomröstningen.

Referenser

[1] Herrman, Hans-Walter, 1993.

[2] Lempert, Peter, 1985.

[3] Ibid.

[4] Bumiller, J.M., 1928.

[5] Herrman, Hans-Walter, 1993.

[6] Ibid.

[7] Bumiller, J.M., 1928.

[8] Herrmann, Hans-Walter, 1993 och Bumiller, J.M., 1928.

[9] Bumiller, J.M., 1928.

[10] Herrman, Hans-Walter, 1993.

[11] Russell, Frank M., 1951.

[12] Russell, Frank M., 1921.

[13] Ibid och Haskin, Chales H., 1922.

[14] Russell, Frank M., 1921.

[15] Steigner, Georg, 1985.

[16] Lempert, Peter, 1985.

[17] Mittler, Otto,1926.

[18] Förhållande och propaganda har behandlats av Roos, Julia, 2015;
    Godfroid, Anne, 2015; Koller, Christian, 2001.

[19] Wägner, Elin, 1923.

[20] Russell, Frank M., 1951.

[21] Bartz, Karl, 1935.

[22] Lewy, Guenter, 1964.

[23] Bärbel Kuhn, Martina & Pitz, Andreas Schorr (Hrsg.), 2007.

[24] Lewy, Guenter, 1964.

[25] Stockholmstidningen 31/12 1934, korrespondenten Vinding.

[26] Saarforce Headquarter, *Saarforce Intelligence Summary No 1, 26/12 1934*,
    KrA, *Kungl. Svea Livgardes arkiv.*

Rickard Sandler, Sveriges utrikesminister

NF:s och Sveriges beslut om internationell fredsstyrka

När tiden för folkomröstningen närmade sig och Hitler kommit till makten blev Saarområdet från 1933 såväl politiserat som polariserat. Regeringskommissionen utgjordes, enligt tidigare, nu av mer neutrala medlemmar med den brittiske Mr. Geoffrey Knox, som ordförande. De ökande oroligheterna och hoten gjorde att Regeringskommissionen kände sig alltmer hjälplös. Kommissionens ordförande Mr. Knox bedömde att poliskåren var opålitlig och att han gjorde bedömningen mer utifrån egna, personliga omdömen än lagenliga krav. En kupp mot kommissionen bedömdes inte heller vara helt orealistisk. Den brittiska reaktionen var negativ till de här beskeden, och menade inledningsvis att detta var ett problem för NF och NF ensamt. Samtidigt var det politiskt farligt att inte ta något ansvar eftersom Saar tillsammans med Österrike var en oroshärd där ett enda felaktigt steg skulle kunna leda till ett nytt krig. Med kännedom om den brittiska inställningen höll Rådet ett möte i januari 1934 där de första stegen togs till att förbereda folkomröstningen. Rådet antog ett förslag från den italienske baronen Aloisi, Rådets rapportör i saarfrågor, som innebar att han tillsammans med två andra medlemmar från Rådet, det så kallade tremannautskottet, skulle upprätta en rapport om de problem som kunde dyka upp i samband med folkomröstningen samt att i rapporten också lämna förslag på omröstningens genomförande. Aloisi lämnade fortlöpande rapporter till Rådets möten, ett i maj samt ett i juni där det beslutades att en särskild valkommission skulle utses och att det dessutom beslutades att folkomröstningen skulle genomföras den 13 januari 1935. Till ordförande i valkommissionen utsågs svensken Allan Rodhe, landshövding i Gotland. Övriga i kommissionen var De Jongh från Holland, Henry från Schweiz samt som teknisk rådgivare och adjungerad medlem Sarah Wambaugh från USA. Tidigare hade Mr. Knox varnat Rådet om att omröstningen inte kunde genomföras om inga säkerhetsåtgärder gjordes. I april påpekade han att situationen mycket väl kunde spåra ur helt och att det hade gjorts ett försök till kupp. Med anledning av detta meddelade han att Regeringskommissionen skulle utöka polisstyrkan genom rekrytering utanför området.[1] En eventuell kupp oroade Tyska Fronten, som i ett brev till Rådet påpekade att de inte var så dumma att de skulle äventyra en säker återgång till det tyska riket genom att initiera en dåraktig kupp bara månader före omröstningen. Efter en tålmodig väntan i femton år kunde man mycket väl vänta ytterligare några månader. De menade att den enda uppgift Regeringskommissionen behövde ägna sig åt var att upprätthålla ordning hos den del av befolkningen som inte tillhörde Tyska Fronten.[2] Under sommaren och hösten 1934 fanns det olika brittiska aspekter på problemen kring Saar. Det kanske mest delikata var Knox personliga säkerhet. Även om han hade irriterat många inom utrikesministeriet genom sina ständiga uppmaningar om en mer resolut politik var han trots allt en engelsman som inte skulle behöva bli utsatt för anfall eller lönnmord oavsett att han ignorerade sin egen personlig säkerhet. Han var omgiven av nazistiska spioner, både hans butler och chaufför hade blivit arresterade. Om något hände honom skulle det bli graverande för den brittiska regeringen. Till slut skickades två säkerhetspoliser till Saar för att skydda Knox, men det var först sju veckor efter den första framställningen, en tid under vilken mycket kunde ha hänt Knox.[3]

Det kunde få ödesdigra följder om britterna fortsatte att dra sig undan sitt ansvar och om fransmännen var beredda att vidta alla möjliga åtgärder för att försäkra sig om att omröstningen inte skulle leda till en allmän europeisk kris. Franska styrkor hade ju varit stationerade i Saar under många år. Även om de nu var tillbakadragna fanns det mellan Rådet och Regeringskommissionen en överenskommelse som innebar att kommissionen hade rätt att återinkalla de franska styrkorna om det bedömdes som nödvändigt för att upprätthålla lugn och ordning. Den franska inställningen till att låta sina styrkor på nytt passera gränsen var mycket tveksam. Risk fanns för konfrontation med tyska styrkor, det skulle ogillas av USA och en majoritet av engelsmän. Därutöver skulle det bli mycket impopulärt och politiskt farligt även internt i Frankrike. För att försäkra sig om ett internationellt moraliskt stöd begärde den franska regeringen ett förnyat mandat från NF att vid behov återigen gå in i saarområdet. Den här förfrågan togs omedelbart upp till diskussion i London. Det var besvärande och kändes osäkert att det var engelsmannen Knox som hade rätten att avgöra om fransk intervention var nödvändig. Den nytillträde franske utrikesministern Laval var inte en lika oförsonlig tyskhatare som sin föregångare och delade den franska generalstabens motstånd till en fransk intervention. Lavals ställningstagande i november var att om det olyckligtvis skulle uppstå problem skulle den franska regeringen som en första åtgärd inte göra något annat än skicka poliser till kommissionens hjälp. En allra sista utväg var att skicka trupper om den tillgängliga polisstyrkan var uttömd. Det brittiska hoppet om att kunna stå vid sidan om ett upptornande problem kom allt mer att avta. I stället blev det i november 1934 alltmer klart att Storbritannien var tvunget att vidta egna åtgärder. Detta för att Frankrike ville undvika ingripande och att den hastigt i hopkomna polisstyrka som Knox hade till sitt förfogande var inkapabel att bevara lugn och ordning om nazisterna ville ställa till problem. Diplomatiska aktiviteter ledde fram till att den tyska regeringen förbjöd S.A. och S.S. grupperingar på den tyska sidan om gränsen att bära uniformer, att genomföra parader och processioner eller andra sammankomster. Det gjordes med vetskap om att indikationerna för valresultatet visade på ett starkt stöd för återförening till Tyskland. Med den här vetskapen var det istället den tyska regeringen som var rädd för att antinazistiska krafter skulle genomföra någon form av kupp för att därigenom få franska styrkor att intervenera och kanske därmed förhindra Saars återförening med Tyskland. Det här bekymrade Hitler i så hög grad att han bad sin utrikesminister att kalla in neutrala styrkor för att upprätthålla lugn och ordning. I första hand tänkte han på schweiziska styrkor, vilket visade sig inte vara möjligt på grund av dess konstitution som förbjuder sina styrkor att vara engagerade utanför landets gränser. Men det här visade ganska klart att ett eventuellt förslag om internationella fredsåtgärder under omröstningen inte nödvändigtvis behövde stöta på motstånd från den tyska regeringen. Med den här insikten deklarerade Laval dels att det inte var rättvist om Frankrike skulle bära hela ansvaret och dels att ett franskt ingripande skulle vara helt oacceptabelt för Tyskland. Han föreslog därför att det skulle vara andra länder som deltog, de behövde nödvändigtvis inte delta med stora styrkor utan skulle snarare vara symboliska. Inom det brittiska utrikesministeriet fanns olika syn på ett brittiskt deltagande. Utrikesminister Simon hade tidigt deklarerat att det var helt uteslutet med några brittiska trupper, det gällde att stanna kvar i bakgrunden eftersom det annars bara skulle bli problem. Så sent som den 5 november förklarade Simon att det aldrig varit tal om att delta med brittiska trupper och att ingenting av det slaget hade övervägts. Det första tvivlet på klokheten i denna politik kom redan veckan efter när Anthony Eden den 12 november preliminärt noterade att det sett utifrån internationell fred skulle vara bra om Storbritannien markerade sin närvaro tillsammans med Italien och Frankrike, om de senare blev anmodade att ingripa. Edens utkast, som var kort och försiktigt, ledde till en större debatt inom utrikesministeriet, som upprättade ett kabinettsprotokoll. Vid arbetet med detta kom de personliga motsättningarna fram. Simon var som utrikesminister den som tog de slutliga besluten, men var intensivt svartsjuk på Eden. Som ung, energisk, stilig och den som uttalade de populärt fångade fraserna kom Edens officiella hållning snabbt att stiga. För Simon var det som person snarare än som utrikesminister omöjligt att acceptera Edens förslag. Oavsett vem som var förslagsställare blev det svårt för Simon, hans briljanta, analytiska hjärna hatade att fatta beslut. Som en konsekvens var han alltid frestad att undvika dem med en smart anledning. Men Edens förslag kunde inte bara kastats åt sidan som något obekvämt, beslut behövde göras även om Simons mantra var att det här var den mest besvärliga frågan någonsin. Till slut erkände han den 18 november att den bästa och kanske enda lösningen var att delta med brittiska styrkor. Inför ett avgörande möte skyndade sig Eden att träffa Stanley Baldwin, som var hans partiledare, och Neville Chamberlain. Just Chamberlain, som var finansminister, hade under flera månader med entusiasm agiterat för uppbyggandet av en internationell polisstyrka. Saarkrisen kom som en skänk från ovan för honom, som nu såg ett Storbritannien komma på rätt plats i världen, som tog ledningen och som tillfälligtvis iscensatte ett exempel på en internationell polisstyrka.

Sir Anthony Eden.

Med det här stödet kom Edens förslag om brittisk deltagande i en polisstyrka att accepteras. Det fanns emellertid två villkor tillagda. Det första var att Frankrike och Tyskland godkände förslaget. Det andra var att det förutom brittiska och italienska styrkor också skulle ingå styrkor från mindre europeiska länder som exempelvis Belgien, Holland och Schweiz.[4]

När Rådet sammanträdde den 5 december inleddes det med ett slutet möte för att höra president Knox redogöra för hur ordningen kan upprätthållas i området. I ett senare, öppet möte frågade Laval om Rådet själv inte kände sig ansvarigt för säkerheten i Saar och därför skulle kunna sända en internationell styrka till Saar. Den franska regeringen skulle alltid känna ansvar för säkerheten så som fredstraktaten beskrev och skulle också ingripa om Rådet begärde detta. Men Laval menade att detta inte bara var ett franskt-tyskt problem utan snarare ett internationellt. Han förklarade därför att Frankrike var villigt att avstå från att skicka trupper till Saar, naturligtvis om Tyskland också avstod. I detta läge beslöt Anthony Eden att ignorera de krav som det brittiska utrikesdepartementet ställt. Istället accepterade han på uppdrag av sin regering det franska förslaget och förklarade att om Rådet beslutar sända en internationell styrka till Saar är Storbritannien villig att deltaga med en lämpligt stor styrka, under förutsättning att andra länder också deltar och att Frankrike och Tyskland godtar arrangemanget. Baron Aloisi gjorde samma uttalande för Italiens räkning. Rådets beslut denna dag var att ge tremannautskottet i uppdrag att identifiera vilka problem som kunde uppstå samt att lämna konkreta lösningar till morgondagens sammanträde.[5] Rådets beslöt den 6 december att skicka trupper till Saar. Den tyska regeringen accepterade efter garantier från de brittiska och italienska regeringarna om att det inte skulle ingå ryska eller tjeckoslovakiska styrkor. Lättnaden var stor hos Laval och den franska regeringen. Utskottets rapport låg till grund för beslutet, men den hade inte kunnat avgöra vilka länder som skulle antagas och vilka som skulle förkastas. Följden blev att den brittiska regeringen erbjöd sig att vidta förberedande diplomatiska förfrågningar, démarcher, hos vissa regeringar. Till Stockholm kom också omedelbart en sådan förfrågan.[6]

I Geneve vidtog nu i snabb takt intensiva möten om olika detaljer där Knox nästan konstant var närvarande. En lämplig storlek på styrkan bedömdes vara 3 500 man, där den brittiska och italienska delen skulle vara med 1 500 man vardera och de övriga skulle vara med 250 man vardera. Den senaste ankomsten till Saar bedömdes vara den 22 december. I frågan om vem som skulle vara befälhavare för styrkan ansåg den brittiska delegationen det som viktigt att det skulle vara en brittisk officer eftersom det var ett brittisk initiativ och att befälhavaren behövde ha samma nationalitet som den styrande i Regeringskommissionen, det vill säga Mr Knox. Den italienska regeringen hade accepterat detta, men de italienska delegaterna i Geneve agerade obstruktivt och försökte hindra att det kom upp i agendan. Förståeligt eftersom de gått ut till pressen om att det skulle bli en italiensk överbefälhavare. Detta hade också observerats i Sverige där bland annat StT och GHT hade artiklar med rubriker som "Italiensk överbefälhavare i Saar". Vid konfrontation medgav italienarna att de inte klarade av att tappa ansiktet, vilket skulle bli följden när det blev offentligt om brittisk överbefälhavare. På direkt fråga om slutgiltigt besked angående befälhavare och storleken på den italienska styrkan svarade Aliosi: "1 500 man med en italiensk befälhavare, annars 1 300 man". Mr Knox ansåg sig vara nöjd med 3 300 man, turligt nog eftersom storleken på de svenska och holländska styrkorna hade inofficiellt fastställts sedan tidigare. Dessutom var han givetvis nöjd med en brittisk befälhavare.[7]

I NF:s Församling hade Rickard Sandler 1934 blivit vald till president. Han rörde sig hemtamt i NF-palatsets salar och korridorer där han fick möjlighet att visa upp sin diplomatiska begåvning och sina språkkunskaper. Helt obehindrat kunde han växla mellan tyska, franska och engelska. Här lärde han känna ett stort antal utrikesministrar, men den kollega han troligen lärde känna allra mest var Anthony Eden och som han, utöver det officiella, också var personligt god vän med. Enligt Sandlers uppfattning var Storbritannien den grundsten som just nu hindrade NF från att fullständigt rasa samman.[8] Sandler höll ett tal till Eden, när denna besökte Sverige i oktober 1934. Han poängterade det starka, oförbehållsamma och kontinuerliga stöd som Storbritannien gett åt NF.

> I dess stärkande se vi ett direkt trygghetsvärde och varje tecken till dess försvagande manar oss till ökad aktsamhet. Därför uppskattas här till sin fulla valör den inställning till NF som Storbritannien intagit, Det är mig särskilt kärt att få säga detta direkt till en av Englands ledande folkförbundspolitiker.[9]

I talets inledning uttrycker Sandler att det är en för honom personligen stor glädje att få hälsa Eden hjärtligt välkommen och att han lärt sig uppskatta Edens personliga egenskaper.[10] Av de brev som Eden skrev till Sandler framgår hur ömsesidigt de uppskattade varandras personliga egenskaper. Som goda vänner var Edens brev till "dear" Sandler alltid personligt hållna och oftast med en hälsning till "Madam Sandler".[11]

Karl Ivan Westman, som var Sveriges ambassadör i Bern, var också svenskt sändebud vid NF. Han lämnade en sammanfattande skrivelse redan den 8 december 1934 till utrikesminister Sandler: "ang. Internationell ordningsmakt i Saar; svenskt deltagande däri". Vid Rådets möte den 5 december skulle tremanna-utskottet nästa dag lämna rapport om de frågor som kunde uppstå kring etablerandet och genomförandet av en internationell fredsstyrka. För att skaffa mer information åkte Westman från Bern till Geneve redan på morgonen den 7 december. På NF:s sekretariat fick han bara vaga uppgifter, några detaljer hade man ännu inte hunnit diskutera, men skulle utarbetas så snart den brittiske generalen Temperly anlänt, Vid ett samtal förklarade Eden sitt agerande när det blivit tveksamheter inom tremannautskottet. Han hade låtit utrikesministeriet i London verkställa förberedande sonderingar i Stockholm och i Haag. De brittiska tankarna var att hitta medverkande stater som inte varit inveklade i varken Versailles eller Locarno. Eden var särskilt intresserad av att Sverige skulle säga ja till en medverkan. Han hoppades innerligt att Sverige skulle skicka en truppkontingent i NF:s och fredens intresse och att dessutom härigenom ge den gemensamma styrkan en neutral och internationell karaktär. Eden var medveten om att det använts lite udda former för att få igång det hela, men det övergripande var att agera så snabbt som det var möjligt. Westman informerade Eden om det förberedande svar som utrikesdepartementet redan lämnat på den brittiska förfrågan. Vid Rådets hemliga möte den 8 december på förmiddagen beslöts att formella inbjudningar skulle utgå till Storbritannien, Italien, Holland och Sverige. Beslutet fastställdes sedan på det offentliga mötet senare på eftermiddagen. Då beslutades också att tillsätta en underkommitté där det skulle ingå ett ombud från vardera av de deltagande staterna,[12] Mr. Vereker på den brittiska ambassadören i Stockholm hade den 6 december muntligen meddelat Sandler om den brittiska inställningen och bekräftade detta i ett brev dagen efter. Han underrättar Sandler och det svenska utrikesdepartementet att den brittiska regeringen hyser den livliga förväntningen (most earnestly trust) att den svenska regeringen, om erbjudande kommer från NF, tar tillfället i akt och bidrar med en kontingent.[13] Samma dag återkommer han och frågar vad han kan svara sitt utrikesdepartement. Per telefon meddelar utrikesrådet Beck-Friis honom att den svenska regeringen alvarligt överväger saken, men måste invänta NF:s erbjudande och höra utrikesnämndens åsikter den 10 december innan något beslut kan tas.[14] I ett telegram från London meddelar ambassadör Palmstierna att han informerats om att det från brittiskt håll finns stora förhoppningar om svenskt deltagande. Även om andra länder kan vara intressanta är det ett svenskt deltagande som särskilt önskas.[15] Uppenbarligen var det för britterna särskilt angeläget att få till stånd ett svenskt deltagande så som det uttrycktes från olika håll i den strida ström av meddelande från Geneve och alla inblandade ambassader och beskickningar. Tiden var knapp och många förberedelser behövde göras innan regeringsbeslutet.

Mycket gjordes inom diplomatin och inofficiellt, bland annat hade Westmans sammanfattning delgivits försvarsmakten för att i någon mån varsko om vad som kunde ske. I övrigt skedde det mesta utan någon insyn i detta skede. Ändå läckte det både här och där. Svenska Dagbladet, SvD, kunde i en artikel den 8 december referera från Geneve (Times) om en engelsk saarförfrågan bland annat till Sverige och att det var den engelska regeringen som "privat" hänvänt sig till Italien. Holland och Sverige. Sydsvenska Dagbladet Snällposten, SDS, rapporterade samma dag från sin stockholmsredaktion att Sverige kunde förväntas få en begäran från NF om att sända trupper till Saar. Redaktionen frågade utrikesdepartementet om någon sådan begäran inkommit och fick till svar att någon begäran inte inkommit från NF.[16] Den officiella uppmaningen om att delta i upprättande av en internationell styrka kom som ett telegram till Stockholm den 8 december. NF:s Råd uppmanar Storbritannien, Italien, Nederländerna och Sverige att deltaga i upprättande av en internationell styrka, som under Regeringskommissionens höghet ska upprätthålla ordningen i samband med folkomröstningen. Rådet vill bli underrättat om de anmodade länderna antar uppmaningen. Samtidigt ska det bildas en underkommitté med representanter från varje deltagande land och med ordföranden från Regeringskommissionen.[17] Den 10 december föredrogs ärendet i utrikesnämnden. Enligt Per Albin Hanssons noteringar var det Sandler som redogjorde för vad som förekommit i frågan om svensk medverkan i den internationella fredsinsatsen i Saar, och att regeringen ännu har fria händer att säga ja eller nej. Sandler menade att Sverige har ingen möjlighet att förklara att vi inte *kan* deltaga. Avböjer man måste det därför vara att man inte *vill*. Sandler förordar ett jakande svar efter att ha vägt skälen för och emot. Ernst Trygger från Högerpartiet ville veta om det gick att sätta samman en lämplig styrka. När han fick tillfredställande svar tyckte även han att man borde följa anmodan från NF. Försvarsminister Vennerström lämnade en redovisning om sina undersökningar rörande kårens sammansättning. Hammarskjöld ansåg att man borde säga ja. Bramstorp, Hamrin och resterande följde raskt efter och gav sina medgivanden.[18] Senare samma dag beslöts om deltagande vid ett utrikesdepartementsärende på Stockholms slott. I sin redogörelse meddelar Sandler bland annat att Storbritannien, Italien och Nederländerna har accepterat Rådets inbjudan, det senare landet bara under förutsättning av svenskt deltagande. Han informerar om att utrikesnämnden informerats och rådfrågats. Därefter begär han dels att svenska regeringen accepterar inbjudan och att han får i uppdrag att meddela NF:s generalsekreterare detta och dels att envoyén Westman blir Sveriges ombud i det föreslagna underutskottet. Så blev det också beslutat.

> Till vad ministern under ovanstående punkt hemställt, därutiövriga närvarande statsrådsledamöter förena sig, behagar Hans Maj:t Konungen lämna bifall.[19]

Efter beslutet lämnar regeringen en kommuniké som informerar om att Sverige ska delta med en truppstyrka efter inbjudan från NF och där det från franskt och tyskt håll ser det svenska deltagandet som en betydelsefull akt av politisk utjämning. I kommunikén är man lite osäker om styrkans storlek, men TT (Tidningarnas Telegrambyrå) tillägger att man räknar med samma storleksordning som den Holland uppgett, det vill säga mellan 200 och 250 man.[20] Beslutet kommenteras i ledaren hos Arbetet under rubriken "En heder för Sverige". Här uttrycks att den anmodan som kommit från Geneve är som en heder för Sverige och att det stämmer överens med vår neutralitetspolitik och våra fredliga traditioner att vi medverkar till en trygg avveckling av det just nu starkaste hotet mot ett fredligt Europa.[21] I ledaren hos SDS är det huvudsakliga budskapet att regeringen inte kunde göra annat än att acceptera förfrågan från NF. Varken lojalitetsskäl – Sverige är ju medlem av folkförbundet – eller prestigeskäl tillåter oss att vägra vår

125

medverkan.[22] Vädermetaforerna tycks ligga i tiden för Göteborgs Handel- och Sjöfartstidning, GHT, anser att utsikterna för en fredlig lösning har förbättrats, att luften har rensats och att det finns hopp om en uppklarnande atmosfär över Europa.[23] Aftonbladet, AB, ansluter sig till de övriga tidningarna om att en uppgörelse är bra, men under rubriken "Rönnbär i Saar" lyfts det fram en stark oro över hur minoriteterna i Saar kan komma att behandlas. Detta med hänvisning till vad som redan håller på att ske.[24] Den för tiden så typiska politiserande press kom till uttryck i hur kommunistiska Ny Dag, ND, redovisar det svenska beslutet om deltagande. I en braskande rubriksättning med tre rubriker i fetstil men med minskande teckenstorlek beskrivs beslutet som "Regeringen sänder svenska trupper till Saar", "250 man frivilliga uttages genom nazistofficerarna", "Borgarpressen utnyttjar saken för sin upprustnings-propaganda".[25] Svenska Dagbladets Londonredaktion rapporterar hur det engelska underhuset applåderade hjärtligt när utrikesminister sir John Simmons meddelade att både Sverige och Holland underrättat den engelska regeringen om att de är villiga att skicka trupper till Saar. Han hoppades att den internationella styrkan kunde vara i tjänst i Saar före jul, han kunde också meddela att överbefälhavaren kommer att vara en engelsman.[26] Detta sedan den brittiske generalen Temperley hade träffat sin italienske kollega general Prasta i Geneve för att diskutera förberedelser, sammansättning och liknande. Vid deras möte hade beslutats, som tidigare redovisats, styrkornas storlek och vem som skulle vara överbefälhavare.

Med rubriken "En utrikespolitisk revy" höll Rickard Sandler ett tal i Uppsala december 1934. Han var bekymrad över situationen i

Europa även om molnet Saar inte längre hängde lika tungt och ovädersladdat över Västeuropa som tidigare. Däremot skymtar han nu en flik av blå himmel i det grå. Med en internationell fredsbevarande styrka där även svensk trupp ingår kan Saarbefolkningen andas lättare. Alla hoppas nu att molnet passerar utan någon urladdning. Han påpekar att det endast en gång tidigare under de senaste hundra åren som svenska trupper har varit i beredskap utanför våra gränser, då också i fredsbevarande syfte. En sak som allvarligt berör utsikterna till framtida fred i Europa, den är även vår sak. Sandler avslutar talets del om Saar med att, i Brantings anda, uttrycka den betydelse som det svenska deltagandet innebär:

> Vi biträda nu för första gången, under folkförbundets auspicier, med en egen aktiv insats i den kollektiva aktionens väg. Det är ett steg, som sätter märke, även om insatsen icke ärkvantitativt betydande. Vi deltaga i ansvaret för att inom ett för den politiska utvecklingen i Europa viktigt område intet skall inträffa, somallvarligt äventyrar fredens framtidabevarande i vår världsdel.[27]

När det politiska spelet äntligen var avklarat vidtog ett intensivt arbete för att få till stånd en svensk styrka. Sammansättningen skulle beslutas, personal rekryteras och ett otal övriga praktiska detaljer skulle lösas. I en skrivelse från utrikesdepartementet till försvarsdepartementet meddelas för kännedom och vidare åtgärder att beslutet tagits samt att sammansättningen och utrustningen liksom övriga organisationsfrågor ska underställas konungen för hans prövning.

Skrivelsen var undertecknad av utrikesrådet Beck-Friis och stafettpinnen var därmed överlämnad till försvarsmakten.[28]

Referenser

[1] Hill, C.J., 1974.

[2] Wambaugh, Sarah, 1940.

[3] Hill, C.J., 1974 och Temperley, A.C., 1938.

[4] Hill, C.J., 1974.

[5] Wambaugh, Sarah, 1940.

[6] Temperley, A.C., 1938 och Westmans skrivelse till Sandler den 8/12 1934, KrA, *Lantförsvarets kommandoexpedition.*

[7] Temperley, A.C., 1938 och artiklar i StT och GHT den 7/12 1934.

[8] Ohlsson, Per T., 2010.

[9] Sandler, Rickard, 1936.

[10] Ibid.

[11] Arbetarrörelsens Arkiv och Bibliotek, ArA, *Rickard Sandlers arkiv.*

[12] Westmans skrivelse till Sandler den 8/12 1934, KrA, *Lantförsvarets kommandoexpedition.*

[13] Verekers skrivelse till Sandler 7/12 1934, RA, *UD, Kabinettet för utrikes brevväxling.*

[14] PM uprättat av Beck-Friis den 7/12 1934, RA, *UD, Kabinettet för utrikes brevväxling.*

[15] Telegram från ambassaden i London den 7/12 1934, RA, *UD, Kabinettet för utrikes brevväxling.*

[16] Artiklar i SvD och SDS den 8/12 1934.

[17] Översättning av telegram från NF till utrikesdepartementet, RA, *UD, Kabinettet för utrikes brevväxling.*

[18] Per Albin Hanssons anteckningar från utrikesnämnden den 10/12 1934, ArA, *Per Albin Hanssons arkiv.*

[19] Protokoll från konselj den 10/12 1934, RA, *UD:s arkiv 1920 års dossiersystem.*

[20] Kommuniké den 10/12 1934, RA, *UD, kabinettet för utrikes Brevväxling.*

[21] Arbetet, A, den 11/12 1934, redaktör A. V-gt.

[22] SDS den 12/12 1934.

[23] GHT den 10/12 1934, korrespondenten i London.

[24] AB den 8/12 1934·

[25] Ny Dag den11/12 1934.

[26] SvD den 11/12 1934, Londonredaktionens Grey.

[27] Sandler, Rickard, 1936.

[28] Skrivelse från utrikesdepartementet till Kungl. Försvars-
Departementet den 10/12 1934, KrA, *Lantförsvarets
Kommandoexpedition.*

Den svenska Saarbataljonens officerare.   Tidningsfoto.

Bataljonen sätts samman och reser till Saar

Tiden var knapp, officiella beslut inväntades. Chefen för Lantförsvarets kommandoexpedition, överste Ernst af Klercker, förstod att det fanns underhandskontakter om en svensk styrka till Saar. Han noterar i sina anteckningar att han lördagen den 8 december tog kontakt med utrikesrådet Beck-Friis och fick besked att det inkommit telegram från NF med begäran om svenskt deltagande i en internationell styrka. Chefen på försvarsdepartementet orienterades och förberedande frågor diskuterades. Klercker föredrog ärendet för försvarsminister Ivar Vennerström på morgonen den 10 december och överlämnade samtidigt det V.P.M. n:r 1, som han upprättat. Samma dag efter konseljen, med det officiella svenska beslutet om deltagande, meddelade försvarsministern per telefon att förberedelser i huvudsak enligt V.P.M. n:r 1 skulle sättas igång. På grund av detta noterar Klercker att det genast ska skickas ut telegrafiska förfrågningar angående personal av olika kategorier som kan komma att behövas.[1] I V,P.N. anges att styrkan inte bör vara allt för liten, en bataljon om stab och två eller tre kompanier bedöms som lämpligt, det vill säga cirka 200 till 300 man. Med truppens tänkta och planerade användning är det lämpligast att den utgörs av infanteri. Av personalen bör befälen vara fast anställda officerare, underofficerare och furirer. Manskapet bör däremot vara frivilliga, antingen före detta fast anställda eller värnpliktiga med genomförd utbildning motsvarande som för underbefäl. Manskapet bör korttidsanställas. Klercker anser att det omedelbart ska göras förfrågan om hur många som resp. regemente kan bidra med och att inkallelse och utrustning ska ske på I1 i Stockholm. Han anser att befälhavaren bör vara överstelöjtnant, en ställning i paritet med övriga kontingenters befälhavare. Samtliga officerare måste vara tillräckligt språkkunniga i engelska och främst i tyska.[2] Efter försvarsministerns besked om att förberedelser skulle sättas igång var kommandoexpeditionen full av aktiviteter. Ingen tid fick gå till spillo. Därför skickades samma dag telegram till de olika arméfördelningarna där det omgående infordrades uppgifter om lämpliga frivilliga officerare dels med namn och dels med uppgift om språkkunskaper i engelska, tyska och franska. Officerare som efterfrågades var överstelöjtnant, kapten, två till tre subalterner. Dessutom uppgift på antalet underofficerare samt ogifta furirer. Snarast skulle också regementsvis redovisas antalet utvalda lämpliga frivilliga manskap till korttidsanställning. Språkkunskaperna angavs i tregradig skala. I grad 1 har man förmåga att med hjälp av ordbok översätta enklare text medan man i grad 2 har förmåga att tala språket och att utan ordbok läsa och fatta enklare text. För den högsta graden 3 har man förmågan att ledigt tala och skriva språket samt att korrekt verkställa översättning, med hjälpmedel, till svenska. Redan den 12 december hade svaren från de olika arméfördelningarna inkommit till Lantförsvarets kommando- expedition. Ett av flera förslag till chef för bataljonen var överstelöjtnant Berggren från I 16, men han blev bedömd som inte lämplig eftersom han hade varit militärattaché i Berlin. Det var ett förhållande som kanske i Saar skulle kunna användas som argument för tyskvänlighet och rubba den neutralitet som man eftersträvade. Ur svaren beslutades att överstelöjtnant Arthur Nordenswan från I

132

9 skulle vara chef för Saarbataljonen. Utöver andra kvalifikationer hade Västra arméfördelning antecknat att Nordenswans språkkunskaper var omfattande, han behärskade väl både engelska och tyska med graden 3+ samt tillfredsställande franska med graden 2. Det beslutades också att kapten Nils Falk från samma regemente skulle vara chefens adjutant. I anteckningarna om Falk anges att han behärskar tyska och franska samt tillfredsställande engelska. Dessutom ansågs han lämplig som adjutant. Ett annat väl så tungt skäl till att utse Falk till adjutant var det etablerade samarbete som han och Nordenswan redan hade från arbetet i deras gemensamma regemente. Den 14 december anlände Nordenswan och Falk till Svea Livgarde, I 1, i Stockholm för att påbörja sitt arbete med att bygga upp och förbereda bataljonen. Under sin tid i Stockholm var bataljonen underställd sekundchefen för Svea Livgarde för att sedan från och med avresan vara underställd Konungen. Dagen efter inställde sig de övriga officerarna. Officerarna närmast bataljonschefen var som kompanichefer kapten Ivar af Sillén och kapten Arthur Linton, som intendent kapten Gösta Callmer samt som sambandsofficer i högkvarterets stab ryttmästare Gustaf von Rosen. Den motsvarande engelske sambandsofficeren som placerades i den svenska staben var major Eric Read.[3]

Manskapet utvaldes från de som frivilligt anmält sig via sina regementen. Det kom också in ett stort antal ansökningar om anställning från tidigare anställda, en del av dessa var de som blivit hemförlovade i samband med 1925 års försvarsbeslut. Proceduren att välja bland alla sökande blev smidig tack vare att bataljonschefen fick stora befogenheter att rekrytera de som han bedömde

lämpligast. Ett viktigt kriterium vid uttagningen var att den
sökanden hade språkkunskaper. Valkommissionens ordförande,

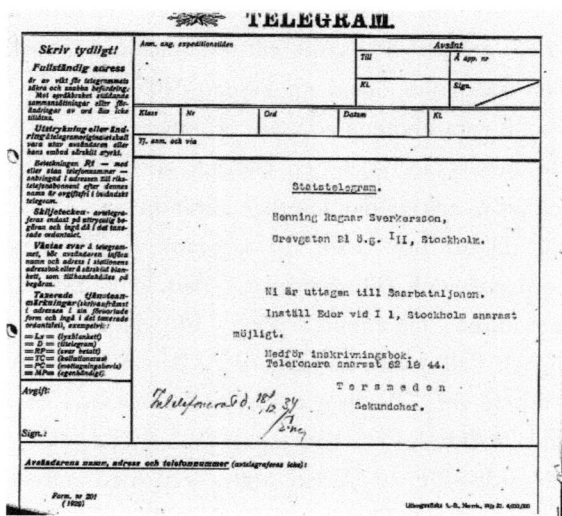

Antagningstelegram.   Bild: Krigsarkivet

landshövding Allan Rodhe, som redan var på plats i Saar, hade i
brev tydligt påpekat behovet av språkkunskaper och hade dessutom
ansett att det borde ingå en språkkunnig i varje grupp. Bland de
uttagna var därför cirka 25 %, värnpliktiga studenter, vilka ju hade
språkkunskaper. De antagna fick oftast ett telegram om att de blivit
antagna och att de snarast möjligt skulle inställa sig på I 1. För de
som inte redan var anställda upprättades ett anställningskontrakt
med anställning som volontär vid Svea Livgarde från den 17
december 1934 till Saarbataljonens upplösning.[4] En som däremot
inte blev antagen var den unge Vilhelm Moberg. Orsaken till
avslaget tyckte han inte kunde bero på förseelser under

134

värnpliktstiden, det var ju bara "olovligt undanhållande nattetid". Moberg kände sig förorättad:

> Och nu går vi här i julhelgen med förbittrat sinne och grubblar
> över orsaken, varför vi inte blev antagna. Vår önskan att göra
> en insats i världshistorien genom att undertrycka oroligheter i
> Saar var ärlig och uppriktig. Med rent hjärta hade vi erbjudit oss
> att vara ett stöd för freden i Europa. Och så kommer detta
> förnedrande avslag . . .[5]

Inmönstringen av personalen började på söndagen den 16 december. Vid läkarundersökningen på måndagen visade det sig att ungefär 10 % av de frivilliga inte kunde bli antagna av olika anledningar. Det var en till synes hög andel, men läkar-undersökningen var mycket noggrann och därför det höga talet. Kommandoexpedition kallade omedelbart in reserver och bataljonen blev därför organiserad och klar den 19 december.[6] En bataljon på 250 man blev komplett satt samman på lite mer en vecka, från den 10 december till den 19 december. En imponerande bedrift där det redan från konseljbeslut och framöver användes de för den tiden snabbaste kommunikationerna som telegram och telefon. När startskottet kom efter konseljen hade en del förberedelser kunnat göras tack vare de informella konakter som fanns mellan Geneve-London-Stockholm. Ett centrum för upprättandet av bataljonen var Lantförsvarets komma-ndoexpedition med dess chef överste Ernst af Klercker, som från första dagen och framöver upprättade P.M., bestämmelser, tjänstemeddelanden och skrivelser. En del skrivelser var av brevkaraktär ofta med tilltalet "Broder". Innehållet var ofta svar på en fråga och hade en typiskt pragmatisk lösning. Förutom det rent pragmatiska var agerandet präglat av snabba och koncisa besked. I

135

ett P.M. till Nordenswan meddelar han, med erfarenhet från engelskt förfarande, att sprit, vin och öl är relativt fritt, det vill säga inte förbjudet. Det bör till viss del ingå i matportionerna och i övrigt ordnas i eget marketenteri för att på det viset inte bli

beroende av stadens utbud. Som bra att veta informerade han om att överbefälhavaren general Brind hade skandinaviska, norska, släktingar.[7] I instruktioner för Saarbataljonen finns en bestämmelse om hur rapporteringar ska göras. Till armékommandot ska omedelbart telegrafiskt meddelas vid ankomst till förläggningsorterna och om allt som kan vara av vikt att snabbt få reda på. Dessutom ska en skriftlig rapport avlämnas en gång i veckan.[8] Ekonomisk ersättning för de som inte är fast anställda ska enlig

Överste Ernst af Klercker

kommandoexpeditionen utgå med 120 kronor per månad för furir, 106 kronor för korpral och 90 kronor för menig. Likaså var det bestämt att bataljonschefen fick 2 000 kronor att använda för manskapets "nytta och nöje", det skulle dock vara mot redovisning. Marketenteri fick anordnas vid bataljonen. Kostnaderna för detta

136

kunde förskotteras av bataljonens kassaförvaltning för att senare och under hand återbetalas.[9]

På morgonen den 20 december mottog bataljonschef Nordenswan den färdigutrustade bataljonen och erinrade truppen om dess uppgifter och om vad som behövde iakttagas.

> . . . Jag uppmana eder att under hela den tid ni tillhöra
> Denna bataljon iaktta ett mönstergillt uppförande och att
> envar bidra till att skapa respekt förden svenska truppen.
> Kom ihåg att all världens ögon äro riktade på eder och att detta
> är ett tillfälle att visa, hur en svensk soldat ser ut. I svåra lägen
> gäller det att hålla huvudet kallt. Mot civilbefolkningen skall visas
> allhänsyn, vi skola hjälpa och stödja dem att genomleva
> en kritisk period. . . .[10]

Stämningen på kaserngården var högtidlig med bataljonen uppställd vid den stora julgranen vars belysning var tänd. På den ena sidan fanns civila och militära åskådare medan det på den andra sidan fanns en stor "ljudfilmsbil", även högtalaranläggning hade monterats. Män från Radiotjänst hade installerat anordningar för att på "grammofonplattor" spela in högtidligheterna, som senare på dagen skulle återges på radio. Klockan 10 anlände kung Gustaf V och prins Gustaf Adolf, vilka inspekterade truppen. Det korta tal som kungen höll till bataljonen avslutades med:

> . . . Sköta ni er väl, så varen övertygade om min
> erkänsla och landets tacksamhet.

Truppen marscherade gnom Stockholm till Centralstationen med musikkår i täten. Längs färdvägen var gatorna kantade av folk. Det uppskattades vara uppemot 100 000 åskådare, som ofta stod i dubbla led. Det hördes hurrarop och det ropades bland annat

"Lycka till" och "Leve Saarbataljonen". Stockholmstidningen beskriver hur en äldre gråhårig man, rak i ryggen som en militär tog av sig hatten och stod i givakt när truppen marscherade förbi. "Det blänkte en tår i ögat, när han satte på sig huvudbonaden och näsduken kom förstulet fram, då han drog sig tillbaka. En gammal fosterlandsväns hyllning till vårt unga Sverige!"[11] När bataljonen väl kommit farm till tåget och alla hade hittat sin plats i sovvagnarna var det tillfälle till att ta avsked och prata med sina närmaste. Radions utsände Sven Jerring gick runt på perrongen och stack in mikrofonen genom tågfönstren så att många av soldaterna kunde sända en hälsning hem till de sina. När det ropades "tag plats" och det extra nattåget började rulla vid 11-tiden på kvällen klämde musikkåren i med regementsmarschen en ytterligare och sista gång.[12]

Efter en lugn natt anlände tåget till Trelleborg strax efter klocka sju på morgonen. Mottagandet blev majestätiskt med I7:s musikkår spelade marscher och dess chef överste Winberg hälsade truppen välkommen till Trelleborg. Bland övriga som välkomnade var borgmästare Wergin och kyrkoherde Ljungdahl. Med musikkåren i täten marscherade truppen från järnvägsstationen till stadshotellet där bataljonen bjöds på en julmåltid med bland annat julkorv och julöl. Efter en bensträckare, som avslutades med en trumpetfanfar var det dags för samling och marsch till färjeläget där det egentliga avskedet skedde. Det inleddes med ett korum där kyrkoherde Ljungdahl utgick från ordet "Ära vare Gud i höjden och frid på jorden och människorna ett gott behag". Han påminde om att det är en gammal svenskmannased att en landsman, när han drar till främmande land får Guds välsignelse med sig från Sveriges kyrka.

Överste Winberg gjorde sig till tolk för armén och alla regementen när han framförde sin avskedshälsning. Han avslutade med sin försäkran "att ni med heder skola bära den svenska arméns gamla ärorika traditioner på edra bajonettspetsar". Bataljonen svarade unisont "Farväl överste!" och embarkerade tågfärjan Drottning Victoria. Trossarna släpptes, musikkåren spelade "Du gamla du fria" och färjan gled allt längre ut från land, ut över det kalla vattnet. Det blev en behaglig sjöresa utan några speciella äventyr. Väl framme i Sassnitz, och nu på tysk mark, möttes bataljonen även här av en mottagningskommitté. Det mer officiella välkomnandet framfördes av den svenske militärattachén major Juhlin-Dannfelt, den svenske konsuln Wedding och den tyske kaptenen Bentivegni, som skulle följa med på tågresan genom Tyskland. Det inofficiella mottagandet var dock väl så hedrande och något som hittills endast tyska soldater fått vara med om. En gammal tysk tradition var att med buxbomskvistar pryda de soldater som drog bort från sin hemort. För att följa den gamla traditionen hade ett antal damer från Sassnitz kommit för att pryda alla i truppen med buxbomskvistar och önskade en lycklig resa. Det tyska tåg som ordnats bestod av sittvagnar i 1:a, 2:a och 3:e klass. Tåget avgick och gjorde inget uppehåll förrän i Bad Kleinen, där det förutom välkomsthälsningar av tyska officerare också serverades en måltid. Den nattresa som följde var inte särskilt bekväm där försöken till sömn oftast misslyckades i de obekväma sittvagnarna. Men vid åttatiden på morgonen den 22 december var tåget framme i Kaiserslauten, inte långt från Saarområdet. Även nu blev det välkomsthälsningar. Det var stadens borgmästare som vid frukosten hälsade truppen välkommen.[13] Efter den stärkande och välbehövliga frukosten i Kaiserslautern fortsatte tåget mot Saar.

139

Vid gränsstationen möttes bataljonen av ryttmästare von Rosen och den engelske majoren Read, som båda var sambandsofficerare; von Rosen vid generalens stab, och Read vid den svenska staben. Även överste Rydeberg, som förberett för bataljonen, anslöt för att överlämna uppgifter om bataljonens förläggning. Sedan tidigare hade svenska generalstabens pressdetalj meddelat att pressrepresentanter skulle möta bataljonen vid ankomsten till Saarbrücken.14 Lite senare på morgonen den 22 december ångade tåget in på Haup-bahnhof i ett av höstdimmor insvept Saarbrücken. Det södra Saarområdet gjorde inget större intryck, i dimman tonade fabriksskorstenarna bort i ett grått töcken. Med svarta skogsdungar och de lika svarta sot- och slagghögarna framstod inte området som idylliskt. Bebyggelsen var däremot välordnad med en något välbeställd framtoning.15 Solen bröt igenom när tåget gjorde ett kortare uppehåll i Saarbrücken, på perrongen stod den internationella styrkans överbefälhavare, general Brind, med stab och hälsade den svenska bataljonen välkommen. Detta välkomnande uppfattades från svenskt håll som positivt och glädjande. I sin första rapport till konungen meddelar bataljonschef Nordenswan att han anmälde sig för generalen och att han också fick tillfälle att presentera samtliga sina officerare.16 Det var ett varmt och kollegialt möte officerare emellan när det svenska extratåget vid perrongen togs emot och hälsades av de engelska officerarna ledda av general Brind. Bilden av den helt korta ceremonin och generalen som person blev med några få rader tydligt synliggjord:

140

Han är en gammal präktig engelsk krigartyp med tro-
pikhy och som skakar hjärtlig hand med överstelöjt-
nant Nordenswan. De svenska pojkarna fick stanna i
vagnarna och titta på, tåget skulle strax fortsätta vidare."[17]

I samband med det i och för sig korta mötet där Nordenswan
anmälde sig för general Brind, som hälsade svenskarna välkomna
kan bataljonens arbete betraktas som inlett och att också
Nordenswan blivit underställd Brinds befäl. Återstod att komma till
förläggningsorterna och bli inkvarterade.

Referenser

[1] Ernst af Klerckers handskrivna anteckningar, KrA, *Lantförsvarets kommandoexpedition.*

[2] V.P.M. n:r 1 rörande svenska trupper till Saar, KrA, *Lantförsvarets kommandoexpedition.*

[3] Nordenswans minnesanteckningar Saarbataljonen, KrA, *Arthur Nordenswans arkiv.*

[4] Ibid och Avsänt statstelegram, KrA, *Lantförsvarets kommandoexpedition.*

[5] von Platen, Magnus, 1978.

[6] SDS den 18/12 1934.

[7] Ernst af Klerckers handskrivna P.M. till Nordenswan, KrA, *Lantförsvarets kommandoexpedition.*

[8] Instruktioner till Saarbataljonen den 20/12 1934, KrA, *Lantförsvarets kommandoexpedition.*

[9] Bestämmelser rörande Saarbataljonen i Tjänstemeddelande rörande Lantförsvaret A nr 48, KrA, *Lantförsvarets kommandoexpedition.*

[10] SvD den 21/12 1934.

[11] SvD och StT den 21/12 1934.

[12] SDS den 21/12 1934.

[13] SDS den 22/12 1934 och Nordenswans minnesanteckningar Saarbataljonen, KrA, *Arthur Nordenswans arkiv.*

[14] Generalstabens pressdetalj, KrA, *Kungl. Svea Livgardes arkiv.*

[15] DN, den 23/12 1934, utsände korrespondenten Åbergsson.

[16] Nordenswan, *Rapport nr. 1 till Konungen,* Merzig den 29/12 1934, KrA, *Kungl. Svea Livgardes arkiv.*

[17] DN, den 23/12 1934, utsände korrespondenten Åbergsson.

Bildförklaring

Bild med den svenska Saarbataljonens officerare:

Stående fr.v.: löjtn. Reuterswärd, löjtn. Lundberg, löjtn. Djurberg, löjtn.Friberg, bataljonsadj.kapten Falk, löjtn. Lindquist, löjtn. Svärd, löjtn. Brunes.

Sittande fr.v.: kapten af Sillén, bataljonschef överstelöjtnant Nordenswan, kapten Linton.

Husgavel med målad text, senare förbjuden och övermålad.

Inledningen i Saar

Efter general Brinds mottagande fortsatte tågresan till Kreis Merzig i nord-västra delen av Saarområdet där den svenska bataljonen skulle ha sitt arbetsområde. Vid varje anhalt som tåget gjorde möttes bataljonen av en storslagen flaggskrud. På varje hus hängde

Flaggning innan flaggförbudet.   Engelska inmarschen.
Tidningsfoto

oftast två flaggor, både den tyska och den med hakkors. Det var inte ett välkomnande för den svenska truppen, utan det var befolkningen som utnyttjade sista dagen innan ett allmänt flaggförbud skulle börja gälla. Detta gällde från den 23 december och varade till och med den 14 januari. Regeringskommissionen hade också beslutat om att inskriptioner, som exempelvis fanns på husgavlar och liknande, och som visade tillhörighet till politiska partier inte fick förekomma och skulle målas över.[1] Första anhalten på den fortsatta tågresan var i Beckingen, en mindre stad med cirka 3.000 invånare i den syd-östra delen av Kreis Merzig. Här lämnade kompani Linton (12:e kompaniet) tåget och marscherade till förläggningen, som var i ett Jugendhärbärge, inrymt inom ett Franciskanerkloster. Förläggningen var i stora salar med gott om utrymme. Den hade ett brokigt förflutet från att tidigare ha varit kloster till att under kriget ha varit ett fältsjukhus för den front som fanns bara två mil från Beckingen. Matsalen ansågs allmänt som den hemtrevligaste av alla förläggningarnas och här fanns också mäss efter måltiderna. De välvilliga nunnorna höll fullt marketenteri där det varken saknades vin, öl, cigaretter eller frimärken. För en svensk soldat var detta ett ovanligt förhållande, men kompanichefen hade gett order om att endast vin och öl fick förtäras, inga mer alkoholhaltiga drycker.[2] I rummet utanför matsal och mäss låg det gamla nunneklostrets kapell över vars dörr det stod inskrivet "Kommt, lass uns arbeiten" (Kom, låt oss arbeta.). Efter ankomsten blev kompaniet serverad middag av nunnorna och deras abedissa. Det var en kraftig middag och till den bjöds det på skummande öl.[3]

Det svenska extratåget fortsatte och efter ytterligare en mils tågresa nåddes huvudorten Merzig, som var nästa förläggningsort. Staden med sina 9.000 invånare ligger mellan höga kullar i floden Saars dalgång. Här fanns nästan inga fabriker, gatorna var smala och krokiga, husen var små och pittoreska. Det hela var ungefär som en svensk medeltidsstad.[4] Förutom en pluton förlades bataljonsstab och kompani af Sillén (11:e kompaniet) här. För officerare och underofficerare var förläggningen här mycket opraktisk då den var utspridd i privatfamiljer på olika ställen i staden. Inga expeditions- eller mässlokaler var ordnade. Bataljonschef Nordenswan var inte nöjd med dessa förhållanden. I sin rapport till konungen beskriver han att de splittrade förhållandena var otillfredsställande,och att han omedelbart begärde att få en samlad förläggning. Problemet löstes snabbt tack vare insatser från bland annat Regeringskommissionen. Det svenska stabskvarteret blev inrättat i Hotell Otto. Att problemen så snabbt löstes berodde på välvilja från general Brind och Regeringskommissionen, som den svenska truppen hade goda förhållanden med.[5] En del av kompaniet med bland annat bataljons- och kompanistaben inkvarterades i ett pittoreskt, relativt nybyggt och hemtrevligt Jugendhärbärge. Förläggningen var redan pyntad med julgran och med dekorationer på väggarna. Här fanns tvättrum och wc, sängar med ståltrådsbotten och till och med riktiga madrasser. Det låg i utkanten av staden och alldeles invid floden Saar.

> . . . och de mest optimistiska mannarna planera
> redan fiske och juldopp i de något grumliga böljorna.[6]

Den andra delen av kompaniet inkvarterades i en gammal före detta trikåfabrik, som liksom stabskvarteret var centralt belägen vid Poststrasse, huvudgatan i Merzig. Genom porten kom man till en innergård där fabriken låg. Utvändigt gjorde den gamla fabriken inte någon vacker syn. Invändigt var den dock betydligt bättre, det

147

fanns elektriskt ljus, värmeledning och speciellt iordningställt tvättrum. Sängarna var av militärmodell med halmmadrasser.

. . .dessa dock om möjligt ännu hårdare och med
grövre halm än våra svenska.[7]

Vid förläggningen i Merzig.　　　　　　Foto: Krigsarkivet

När alla hade kommit något så när i ordning var det dags för middag, som serverades i stadens största lokal, Hotel Friersche Hof. Dit marscherade man i samlad trupp mellan täta och vinkande åskådarled och här ska man nu äta tysk mat över julhelgen därefter ska de svenska kokvagnarna ska börja användas.

Först fick man bröd och margarin och så soppa
och som huvudrätt Rindergoulasch med makaroner
och potatis och gurka och så den omtalade biersejdeln.
Det smakade härligt efter morgonens torrskaffning.[8]

Den resterande styrkan, pluton Lindqvist, fortsatte mot den tredje och sista förläggningsorten Mettlach, som nåddes efter ytterligare en halv mils tågresa, och som ansågs vara den vackraste av förläggningsorterna. Staden ligger inbäddad i ett vackert landskap som påminner om både fransk och tysk natur med höga, böljande kullar och med djupa dalar ner mot Saars ringlande vatten. Pluton Lindqvist hade inte långt från järnvägsstationen fått förträffliga lokaler i ett gammalt före detta nunnekloster, som använts som bostad för lärlingarna hos den stora porslins- och mosaikfirman Willeroy & Boch. Truppen låg i en trevlig sal på andra våningen, på bottenvåningen fanns den franska skolan och de franska tullmännens sal. Nunnorna som tillhörde helgonet S:t Charles orden var inte så många och var mest sysselsatta med att ha tillsyn och vård över det hem, Schwesternhaus, där de unga ogifta fabriksarbeterskorna bodde, de som inte hade något hem i staden.

> Flickorna stå under deras uppsikt och några
> större faror synes icke hota de svenska hjärtana.[9]

Styrkornas ankomst tog emot av befolkningen med mycket blandade känslor. Partiet *Tyska Fronten* (Deutsche Front), som var för en återförening med Tyskland, hade ännu inte gett upp sitt motstånd mot den internationella styrkan, som de helt enkelt kategoriserade som en ockupationsarmé (Besatzungsarmee), de gick så långt att de bar skyltar med fotografi av den internationella styrkan och med texten "åter en gång ockupation" (Wider einmal Besatzung). De uppmanade sina medlemmar att inte beskåda styrkornas ankomst och att inte på något vis umgås med dem. Dessa uppmaningar åtlyddes inte av befolkningen, utan längs gatorna från de olika järnvägsstationerna stod mängder av saarländare och iakttog truppernas ankomst.[10] Den lokala pressen i Saar refererade de utländska styrkornas ankomst med syrliga kommentarer. Ett undantag var den svenska truppen, den enda trupp som någon tidning i Saar omnämnde med lite vänlighet. Det var Saarbrücken Zeitung som konstaterade "att människomassorna på stationen fingo genast en viss kontakt med Sveriges ljushåriga söner, som med leende ansikten och glada tillrop från fönstren i sina vagnar vinkade över mängden."[11] Denna saarländarnas inställning till den svenska bataljonen var något som bataljonschefen Nordenswan också observerat och nämner redan i sin första rapport till konungen:

> . . . Befolkningen i Kreis Merzig är mycket välvilligt stämd gentemot den svenska truppen och synes vara lugn och sansad. .[12]

Allmänt hade ryktena växt i Saar, man inbillade sig belägringstillstånd med utegångsförbud på kvällarna och truppavdelningar med skarpladdade vapen i varje gatukorsning. Ett visst fog för ryktena fick de då både den engelska och italienska kontingenten gjorde sin inmarsch med stålhjälm och påsatta bajonetter. Den svenska styrkan mottogs däremot välvillig redan vid ankomsten, som gjordes utan hjälmar och bajonetter. Med rubriken "Öppen famn i Saar för svenskarna" beskrivs i Dagens Nyheter att svenskarna vid ankomsten till Merzig och Beckingen blev bättre mottagna än någon annan utländsk ordningsmakt. Både barn och äldre deklarerar att de "tycka om svenskarna, därför att de inte kommo i stålhjälmar och med påsatta bajonetter."[13]

I Saar var redan flera svenskar på plats, de ingick i den valkommission som arbetade med att organisera folkomröstningen. Valkommissionens ordförande landshövding Rodhe och valkommissionens sekreterare herr Hellstedt kom tillsammans med överste Rydberg och kretsdomare Bendix till de olika förläggningarna för att hälsa sina landsmän välkomna. I sitt korta tal hälsade landshövding Rodhe alla välkomna till Saar och poängterade att goda kontakter kunde uppnås genom plikt och gott uppträdande. Samtidigt fick svenskheten och det svenska namnets heder inte glömmas.

> . . .Och på det sättet skola ni säkert komma i god
> kontakt med den befolkning, som ni äro här att hjälpa.
> Glömmen till sist icke att ni äro svenskar och att era
> anhöriga liksom alla andra där hemma vänta att ni här
> skola göra det svenska namnet all heder[14]

Även sekreterare Hellstedt höll tal och redogjorde för alla förberedelserna inför folkomröstningen, bland annat hade arbetet i 860 valkretsar organiserats. Hans arbete medförde att han var i tät kontakt med befolkningen. Redan i detta tidiga skede hade han därför, tack vare sina kontakter, fått en god uppfattning om befolkningens inställning till den svenska truppen. Sin uppfattning framförde han i sitt översvallande, nationalistiska och patriotiska välkomsttal till truppen:

Vad de svenska truppernas närvaro beträffar, så tror jag
man vågar säga att knappast några av de främmande mili-
tärerna ha i så hög grad befolkningens sympati som svens-
karna. Man skulle kanske kunna säga att svenskarna äro
de minst ogärna sedda främlingarna, men i själva verket är
det nog att ta till i underkant. Vart man kommer. . . hör
man uttryck som tyda på att svenskarna i själva verket
kunna betrakta sig som gärna sedda gäster. . .[15]

De närmaste dagarna efter ankomsten ägnades förutom åt
rekognoseringar och kompletterande förläggningsarbeten också åt
att göra upp programmet för julfirandet. Den svenska truppens
popularitet har ytterligare stigit "när pojkarna haft sina första
permissioner och varit synliga överallt. Det har ibland rentav blivit
lite generande då en svensk soldat snart sagt icke kunde komma in
på ett kafé eller konditori och beställa något utan att man vägrade
låta honom betala för varorna. "Ni är ju svensk? Kostar ingenting"
hette det överallt.[16] Mycket av de goda och snabbt etablerade
kontakterna till befolkningen berodde på de utbredda
språkkunskaperna inom den svenska truppen. Det tog betydligt
kortare tid för den svenska kontingenten att etablera kontakt
jämfört med de andra kontingenterna eftersom två eller tre man i
varje grupp talade tyska. Den engelske förbindelse-officeren major
Read förklarade att de engelska "tommies" är som stora barn mot
tyskarna och kan bara göra sig förstådda med teckenspråk, men hos
er svenskar kan nästan varenda soldat uppträda som stor människa
mot tyskarna.[17]

Bataljonschef Nordenswan med stab fick liksom de övriga
befälhavarna för de olika nationskontingenterna börja sina

julfiranden med konferenser i Saarbrücken. Först hos Regeringskommissionens president Mr Knox och sedan hos överbefälhavaren general Brind för en allmän information om läget och för genomgång av den internationella styrkans uppgift. Den engelske generalen Brind, överbefäl-havare för Saarforce, var allmänt omtyckt. Med lugn, förtroendegivande och skicklig befälsföring förenade han personlig charm med ett ständigt gott humör. Det lugn och den självbehärskning han visat vid dämpandet av upprorsrörelser i Dublin var nog det som särskilt meriterat honom som överbefälhavare i Saar.[18] Innan genomgången av den fösta och grundläggande ordern, "Saarforce Order No 1", höll general Brind ett anförande:

General J.E.S. Brind.
Tidningsfoto

... Vi är här på ett fredsuppdrag, och vi skall alla känna,tror jag, att vi är på ett mycket viktigt uppdrag, eftersom det är det första försöket av sitt slag som genomförts under ledning av NF. Jag är övertygad om att vi alla skall göra vårt yttersta för att lyckas med detta. Det är också viktigt att vår närvaro här skall sätta så lite press som möjligt på befolkningen i Saar och att våra rela-tioner med dem skall bli så vänliga som möjligt. . .[19]

153

I slutet av sitt anförande tog han upp frågan om vakthållning. Mindre vakter skulle hållas dels vid högkvarteret och dels vid hans residens. Vakten skulle i första hand skötas av den brittiske kontingenten, men han skulle bli verkligt glad om även övriga kontingenter ville åta sig vakttjänst. Den svenska kontingenten åtog sig och hade vakttjänst. I sin rapport till konungen redogör Nordenswan för mötena och enbart att de skedde den 24 december, att det var julafton sågs kanske som något ovidkommande. Inte heller rapporterade han något om hur truppen firade julen. För truppen var julfirandet helt naturligt något alldeles speciellt, skild som man var från sina anhöriga och dessutom i främmande land med andra sedvänjor. Efter sina konferenser i Saarbrücken återkom Nordenswan till Merzig för att tillsammans med truppen där fira jul. Julfirandet var betydelsefullt för de allra flesta i truppen, efter helgerna väntade allvaret. Ett allvar som man inte riktigt kunde föreställa sig och där julfirandet var en påminnelse om hemlandet och dess traditioner samtidigt som det var ett avstamp inför det som väntade. Trots detta var de officiella och individuella rapporterna om julfirandet ganska knapphändiga. Utan att skapa någon sinnesbild, eller bild överhuvudtaget, beskrivs i koncentrat hur den svenska styrkan i Merzig firar julafton:

> På eftermiddagen samlades hela Merzigstyrkan
> i restaurantens festsal till korum, varpå följde
> aftonmåltid och julfirande i mycket god stämning.
> Telegram avsändes till H M Konungen, på vilket ett
> vänligt svar erhölls.[20]

En något fylligare och mer detaljrik redogörelse lämnar Berg och Edsman om hur julafton firades i Merzig med julgran äpplen, karameller, russin och risgrynsgröt. Det sågs som en trevlig tillställning med dans kring granen till tonerna från en orkester. Från radion avlyssnades svensk musik och Sven Jerrings, "farbror Svens", svenska julglädje. Innan festen började hölls korum där Edsman som teolog läste julevangeliet.[21] I andra rapporter beskrivs julfirandet väldigt kortfattat, där läsaren underförstått hänvisas till tidningarna om de är intresserade av att få en utförligare och mer detaljerad beskrivning av julfirandet:

> På kvällen firades julafton i svenskarnas förläggningar
> med julbord, granar m.m., allt mycket detaljerat
> och målande skildrat genom den svenska pressen för
> hemmapubliken.[22]

En verkligt målande beskrivning är den Aftonbladet gör om andaktsstunden i Merzig där den pyntade lokalen, maten och julklappsutdelningar bildar bakgrund till beskrivningen av den andaktsstund som säkerligen berörde många läsare:

> Teol. Stud. Edsman förrättade andakt. Gripande var
> inledningen då officerare och manskap med sina lungors
> fulla kraft togo upp "Var hälsad sköna morgonstund".
> Sången blev mäktig, det var som i detta ögonblick den
> svenska samhörigheten spänfrån bröst till bröst en brygga
> av starka och enande band.[23]

Korrespondenten från Dagens Nyheters åkte under helgen runt och följde svenskarnas julfirande i de olika förläggningsorterna. Från Merzig rapporterade han att julfirandet i Trierischer Hof slutade vid 9-tiden på kvällen, men att julfirandet för de svenska soldaterna därmed inte var slut. På hemvägen blev de allt som oftast haffade av tyskar som bjöd dem upp till sina familjer. Från fönstren ropade man till svenskarna att komma upp och fira en tysk jul. Eftersom permissionen gällde ännu ett bra tag var det många som tackade ja till inbjudningarna. På det viset blev det så att många svenska soldater denna julafton 1934 plötsligt befann sig sittande som julgäster i tyska familjer nere i Merzig, där kompaniet nu hade personliga bekanta bland befolkningen.

I Beckingen hade nunnorna julpyntat i matsalen med granrisgirlander. De hade också hängt upp en svensk flagga på väggen och dessutom ett porträtt av Karl XII eftersom detta är karolinernas kompani. Det vackraste inslaget i Saarbataljonens julfirande inträffade här i Beckingen på julaftons eftermiddag. Nunnorna som har hand om vården på sjukhuskomplexet där kompaniet är förlagt hade tagit hand om tre hittebarn, ett och ett halvt år gamla. När svenskarna fick reda på detta samlade de in pengar och köpte julklappar till nunnornas små skyddslingar. Plötsligt på eftermiddagen uppenbarade sig de tre barnen i förläggningen för att tacka för julklapparna. Med sig hade de en liten femåring, som också tillhörde nunnornas skyddslingar.

> Hon var klädd i fotsid vit skjorta och hade ett ängla-
> diadem i håret, och visst såg hon ut som en ängel när
> hon hejdade sig mitt på golvet i det larmande logementet,
> där det med ens blev alldeles tyst. Den lilla ängeln höll
> samman händerna så där som alla små änglar bruka göra på
> de gamla tavlorna, och när hon så började med sin lilla
> svaga röst läsa upp en liten versstump som en av de snälla
> nunnorna skrivit och lärt henne så kunde faktiskt de stora
> svenska krigsmännen från den ädle konung Gustaf Adolfs
> land inte undgå att klämma en tår ur ögonvrån här och var.

> Ty det var också en mycket vacker liten dikt den lilla ängeln
> läste om de främmande krigarna som kommit långt från
> fjärran land och som hon önskade en god jul och fred och
> lycka, varefter hon lika tyst och värdigt som hon kommit
> försvann igen med sina tre små stultande kamrater.[24]

I det idylliska Mettlach hade pluton Lindqvist fått ett rum som mässlokal på värdshuset Gasthaus zur Spitz, som låg på samma gata och inte långt från förläggningen. Det var ett trevligt värdshusrum där det fanns ett piano vid ena väggen, vilket passade bra eftersom det i plutonen fanns flera musikaliska förmågor. Värdshusvärden, herr Kuhn, hade kommit ihåg de svenska, som fick var sin liten julklapp. Innan på dagen hade man här liksom på de andra orterna lyssnat på farbror Svens svenska julglädje, och dessutom skålat med ett glas Mosel.

Juldagen gick i stillhetens tecken med bland annat kyrkobesök. I Merzig var truppen inbjuden till högmässan i den lilla protestantiska kyrkan, som var helt fullsatt. Gudstjänsten var svenskinspirerad, kyrkoherde Schwartzberg kom i sin predikan in på både Gustaf II Adolf och Nathan Söderblom, där han framhöll att deras insatser för alltid binder oss tyskar samman med det svenska folket.
Kyrkoherden framförde också julen som fredens tid fastän det dagligen i Saar upplevdes strider mellan oliktänkande kristna, vilket ger anledning att tänka efter vilken betydelse Söderblom hade för de kristna kyrkornas förståelse för varandra. Den svenska truppen deltog i gudstjänsten. Det var ingen svårighet för de svenska att hitta i de tyska psalmböckerna, och när de väl kommit över de trevande första verserna hörde man de svenska "krigarrösterna, om också ganska knaggligt . . ."[25] En inbjudan hade också kommit till

truppen i Mettlach. Här var deltagandet frivilligt, men de flesta deltog eftersom det var första gången de fick vara med om en katolsk gudstjänst, här fanns det nämligen enbart en katolsk kyrka. Det var en stämningsfull gudstjänst med gyllene mässhakar, de tre korgossarna som svängde sina rökelsekar och med all den katolska sången. Även här talade kyrkoherden om freden som alla längtar efter och som man så länge längtat efter i Saar. Truppen i Beckingen var inbjuden till en konsert hos fabriksarbetarnas sångförening i arbetarföreningarnas lokal, en stor lokal som rymmer cirka 600 personer. Programmet hade juldagskaraktär med tyska hymner och sånger, ackompanjerat av en orkester på 40 man. Svenskarna blev mycket imponerade av samhällets musikaliska livaktighet.[26]

Det blev ett julfirande i främmande land med en del svenska jultraditioner, men också med inslag av de traditioner som var typiska för Saar. Saarbataljonens julfirande var även journalistiskt en ren högtidsstund där de utsända korrespondenterna förmedlade hem till Sverige högstämda reportage om "de svenske" och deras popularitet. Efter jul- och nyårshelgerna blev arbetet helt fokuserat på de verksamheter truppen kommit för att utföra.

Referenser

[1] Appendix I, i Wambaugh, Sarah, 1940.

[2] SvD den 23/12 1934, utsände korrespondenten Chevalier.

[3] DN den 23/12 1934, utsände korrespondenten Åbergson.

[4] Berg, Ernst & Edsman, Carl-Martin, *Minnen från Saar,* juli och december 1935, KrA, *Reuterswärds arkiv.*

[5] Nordenswan, Arthur, *Rapport nr 1 till Konungen,* Merzig den 29/12 1934, KrA, *Kungl. Svea Livgardes arkiv.*

[6] SvD den 23/12 1934, utsände korrespondenten Chevalier.

[7] Ibid.

[8] Ibid.

[9] DN och SvD den 23/12 1934, utsända korrespondenterna Åbergson resp. Chevalier.

[10] Wambaugh, Sarah, 1940.

[11] DN den 24/12 1934, utsände korrespondenten Åbergson.

[12] Nordenswan, Arthur, *Rapport nr 1 till Konungen,* Merzig den 29/12 1934, KrA, *Kungl. Svea Livgardes arkiv.*

[13] DN den 23/12 1934, utsände korrespondenten Åbergson.

[14] DN och SvD den 23/12 1934, utsända korrespondenterna Åbergson resp. Chevalier.

[15] DN den 23/12 1934, utsände korrespondenten Åbergson.

[16] Ibid.

[17] Reuterswärd, Wilhelm, *Upplevelser med svenska bataljonen i Saar,* Merzig den 17/2 1935, KrA, *Reuterswärds arkiv.*

[18] Ibid.

[19] General Brinds anförande, Saarbrücken den 24/12 1934, KrA, *Ivar af Silléns arkiv.*

[20] Nordenswan, Arthur, *Koncept till artikel,* KrA, *A .Nordenswans arkiv.*

[21] Berg, Ernst & Edsman, Carl-Martin, *Minnen från Saar,* juli och december 1935, KrA, *Reuterswärds arkiv.*

[22] Reuterswärd, Wilhelm, 1976.

[23] AB den 26/12 1934, utsände korrespondenten Peson.
[24] DN den 27/12 1934, utsände korrespondenten Åbergson.
[25] Ibid.
[26] Ibid.

Bildförklaring

Bilden Husgavel med text
Texten:
Ich bin geboren, deutsch zu fühlen
Bin ganz auf deutsches Denken eingestellt
Erst kommt mein Volk, dann all´die anderen vielen
Erst meine Heimat, dann die Welt

Jag är född att känna mig som tysk
Är helt inställd på tyskt tänkande
Först kommer mitt folk, sedan alla de många andra
Först min hemtrakt, sedan världen

Barn demonstrerar för Tyska Fronten.

Tjänstgöringar, förberedelser och förhållanden

För tjänstgöringarna gällde vad som presenterades vid julaftonens genomgång. Vid denna genomgång med alla de olika nationella befälhavarna gav general Brind den skriftliga *Saarforce Order No 1*, vilken innehöll de grundläggande reglerna för styrkans förhållande i Saar och hur styrkan skulle utnyttjas och användas.[1] Befolkningens inställning till den internationella styrkan var i det här inledande skedet med en viss misstänksamhet. De till och med befarade ett belägringstillstånd, som man dock inte kom att se skymten av. Däremot kunde befolkningen inte undgå att ofta se representanter ur den internationella styrkan, vilket också var avsikten. Detta var den så kallade *engelska modellen*. Högkvarteret beordrade kontingenterna att noggrant införa denna modell eftersom det oftast talades om två olika metoder vid insatser mot oroligheter. Den första kallades den *kontinentala metoden* som i huvudsak innebär att kulsprutor, stridsvagnar och liknande placeras ut, tydligt och hotfullt, vid gatukorsningar och torg. Den andra metoden, den *engelska metoden* innebär att göra en imponerande uppvisning av styrkan innan några oroligheter bryter ut, visa att den finns i tillräcklig omfattning utan att för den skull framträda hotfullt. Dessutom ska trupperna finnas, men hållas diskret borta under den spända tiden och låta polisen vara den som upprätthåller ordningen. Styrkan ska också upprätthålla en stor mobil reserv. Den här metoden som ofta hade visat sig vara effektiv i Indien blev accepterad av alla kontingenter.[2]

Det som general Brind nämnde i sitt inledningstal om att sätta så lite press som möjligt på befolkningen och att också skapa så vänliga relationer som möjligt återkommer också i själva ordergivningen. I den del av ordern som behandlar attityder gentemot befolkningen, beordras all personal att upprätthålla en strikt neutral hållning i umgänget med befolkningen eftersom truppens sammansättning är från länder som inte har något direkt intresse i utgången av folkomröstningen. I denna order fastställdes Saarforce som det officiella namnet för den internationella styrkan i perioderna före, under och efter folkomröstningen. Syftet med styrkan var som det angavs att assistera Regeringskommissionen vid de nödlägen som eventuellt kunde uppstå. Men kommissionen var fortsatt ansvarig för att upprätthålla lag och ordning i området. Truppen ska normalt inte användas för att bistå den civila makten, utan först efter en särskild begäran vid situationer som kan behöva militär hjälp. Saarforce ska användas som en militär styrka och inte som polis. Begäran om hjälp kan normalt bara begäras av regeringskommissionen, inrikesministern, polischefen och rådsförsamlingarna (Landrats) i de olika kretsarna (Kreise). Det var alltså en begränsad skara av behöriga som kunde begära hjälp, men ordern medgav också att de olika befälhavarna fick ingripa om de civila myndigheterna inte kunde hantera en uppkommen situation och om det fanns en omedelbar fara för liv och egendom och som inte heller medgav någon fördröjning.

Om truppen behöver användas skall den användas med den minsta möjliga styrka som är nödvändig för att påverka det överhängande hotet och att återställa ordningen. Storleken på styrkan skall bara vara sådan att den kan lösa sin uppgift och absolut inte vara en större, avskräckande styrkedemonstration vid insatsen, eller vid något annat tillfälle i framtiden. Dessutom ingår det inte i uppgiften att tillfoga någon form av bestraffning. Om våld behöver användas skall de som startat oroligheterna om möjligt bli varnade om att våld kommer att användas. Likaså skall befälhavaren tydligt förklara för dem att om truppen får order om att skjuta, kommer den också att skjuta. Detta steg skall tas först efter en bedömning om att inga mindre hårda åtgärder kan återställa ordningen. Är det nödvändigt att öppna eld, skall eldgivningen vara kontrollerad, lågt riktad och begränsad till ett minimalt antal salvor och först efter ordergivning. Eldgivningen skall bara riktas mot dem som är direkt inblandade i oroligheterna. Dessutom är all skjutning över huvudet på en folkmassa förbjudet.[3]

Inför det egentliga fredsbevarande uppdraget hade generalstaben upprättat sin *Intelligence Summary No 1*. Förutom den redovisade situationen i Saar redovisades också olika slag av möjliga problem och dessutom under vilka former som möjliga oroligheter kunde uppstå. Uppenbara oroligheter där den militära styrkan kan bli kallad som hjälp till den civila var enligt rapporten i följande fall:

-Lokala, sporadiska aktioner med våld mot individer eller små
    grupper.
-Samlade utbrott av våld mot politiska motståndare (och möjligtvis
    privata fiender).
-Samlade utbrott av våld mot Regeringskommissionen.
-Generalstrejk, som också innefattar att offentliga verksamheter
    och inrättningar upphör.
-En organiserad kupp inom hela Saarområdet eller räder av
    beväpnade partier utifrån territoriet.[4]

Ett av problemen kan bli om något parti blir övertygat om att det inte kommer att vinna och då försöker skapa en situation där det blir omöjligt att genomföra folkomröstningen eller sabotera så att omröstningen måste göras om vid ett senare tillfälle. Under folkomröstningen kan det var som helst i området uppstå hot och våldsutbrott för att hindra folk från att rösta. Ett parti som skulle gynnas av en sådan situation var Enhetsfronten (*Einheits Front*), som förespråkade status quo, det vill säga att Saar fortsätter styras av en Regeringskommission utsedd av NF. Det parti som inte ville se folkomröstningen saboterad på något vis var Tyska Fronten (*Deutsche Front*). De ville se en återförening till Tyskland och med den segervittring de kände ville de få till stånd ett giltigt val. Sina valmöjligheter förklarade de med att de hade 95% av befolkningen som medlemmar. Närmare om partierna och övriga förhållanden i Saar enligt tidigare kapitel.

Efter etableringsarbetena och julhelgen blev verksamheten schemalagd och helt inriktad på truppens huvuduppgift i Saar. Som en del i detta övergick den svenska truppen till självhushåll med fältspisar, från att dessförinnan ha blivit utspisade genom de lokala myndigheternas försorg. På nyårsdagen besökte presidenten i regeringskommissionen, Mr Knox, bataljonens kompani i Beckingen. Den 4 januari hälsade general Brind bataljonen i Merzig och Mettlach. Vid båda tillfällena inspekterades även truppens förläggningslokaler. Både president Knox och general Brind ”uttalade sin stora tillfredsställelse med truppens utseende och anordningarna i förläggningslokalerna. Förutom rekognosering och patrullering ingick andra aktiviteter i det dagliga schemat. När några delar av truppen var på patrulltjänst var andra delar i beredskap vid förläggningarna. Schemat såg därför olika ut för respektive truppdelar. Ett exempel på dagsprogram började med uppstigning kl. 7 och frukost kl. 8. Ett gymnastikpass mellan kl. 9 och 10 efterföljdes sedan med en lektion i tyska mellan kl. 10 och 11. Innan mellanmålet var det exercisövningar kl. 11-12. Eftermiddagen ägnades åt patrulltjänst och rekognoseringar. Eftermiddagen avslutades sedan med övningar i tyska fram till kl. 18, då det intogs middag. Taptot gick kl. 22.15, vilket var anpassat så att svenska radions kvällsnyheter kunde höras.[5] Undervisningen i tyska var mycket uppskattad av soldaterna,den underlättade deras umgänge med befolkningen och var därigenom värdefull för att skapa ett gott förhållande till befolkningen. Undervisningen var som intensivast fram till valdagen, men fortsatte därefter fast i något mindre omfattning. Undervisningen hölls av tyskkunniga inom truppen, där det till och med fanns en utexaminerad tysklärare. Dessutom anmälde sig en inhemsk lärare, som var villig att undervisa svenskarna i tyska. Undervisningen i tyska var populär:

> Jag har en grupp på 15 nybörjare, och sällan har man haft med mer intresserade lärjungar att göra. Det är ett nöje att undervisa under sådana förhållanden.[6]

En viktig del i att skapa drägliga förhållandena var möjligheten till bad. De enstaka badinrättningar som fanns användes förutom av skolelever även till en övervägande del av civilbefolkningen. Det var förenat med en del svårigheter att få tillgång till bad. Till slut meddelade Merzigs borgmästaren i ett brev att manskapet under torsdagar mellan klockan 15 och 17 kunde få tillgång till folkskolans gemensamhetsdusch i grupper om 4-5 man mot en sammanlagd avgift av 100 f.fr. Egen handduk måste medtas, medan lågskummande badtvål däremot kunde fås hos vaktmästaren till självkostnadspris. Hanteringen av duschblandarna fick endast skötas av vaktmästaren. På andra dagar som skolans bad är tillgängligt tas det i anspråk av den lokala befolkningen, men för officerare kan badet tas i anspråk under flera tider.[7]

En annan viktig del för soldaterna var deras kontakt med hemlandet. För den skull hade det populära fältpostkontoret upprättats. Till konungen rapporterar bataljonschef Nordenswan om kontorets tillkomst och betydelse:

> Upprättandet av ett fältpostkontor vid bataljonen har visat sig vara av synnerligen stort värde. Vid fältpostkontoret har även postsparbanksrörelse nu ordnats. Denna har fått mycket stor omfattning i det så gott som samtliga medlemmar i bataljonen tagit ut motböcker med postsparbanken. Insättningen är frivillig[8]

Av den förberedande verksamheten var rekognosering och patrullering i det tilldelade skyddsområdet den viktigaste delen. Rekognosering skedde i mindre grupper till fots, på cykel eller i bil. Tilldelningen av bilar till respektive kompani var begränsad varför de varje gång fördelades av kompanichefen. Rekognoseringarna skulle inför uppgifterna vid folkomröstningen skapa en klar bild över strategiskt viktiga objekt såsom transportvägar, broar och de installationer som skulle behöva skyddas, exempelvis transformatorstationer. För rekognoseringsgrupper föreskriver kompaniordern i den engelska modellens anda:

> . . .Utrustningen t.v. utan vapen. . . [9]

Patrulleringarna skedde plutons- eller halvplutonsvis i lastbilar, som iordningsställts för trupptransport. Med patrulleringarna uppnåddes två syften. Det första syftet var av psykologisk karaktär, genom patrullernas närvaro skulle befolkningen få ett intryck av att myndigheterna hade läget under kontroll. Det andra syftet var att förstärka polisens gränsbevakning så att obehöriga inte skulle kunna ta sig in i Saarområdet. Vid patrulleringarna hände det ibland att svensk patrull plötsligt och oförmodat mötte fransk tullpolis. Patrulleringen längs den franska gränsen skedde i skuggan av den befästa Maginotlinjen, som vid god sikt kunde skönjas i kikare.[10] På den franska sidan om gränsen, endast ett par mil från de svenska förläggningarna, hade franska trupper dragits samman. Om det uppstod okontrollerade oroligheter i Saarområdet kunde dessa trupper befaras rycka in för att återställa ordningen, de utgjorde därmed ett latent hot. Förhållandet oroade befolkningen närmast den franska gränsen. För att lugna befolkningen lät bataljonschefen patruller i lastbilar nattetid avpatrullera vägarna intill gränsen, vilket också lugnade befolkningen.[11] Berg och Edsman beskriver patrulleringarna som Potemkinkulisser och inte särskilt effektiva på grund av truppen fåtalighet. Det psykologiska syftet ser de däremot som betydligt större, befolkningen ges den uppfattning att trupper kan dyka upp när som helst och att befolkningen dessutom blivit övertygade om att minst ett regemente svenskar ligger i Merzig så ofta som svenskarna syns. Patrulltjänsten att på lastbilsflak färdas kors och tvärs i området är i deras ögon närmast som turistresor.[12] All patrullering var emellertid inte av detta glättiga slag. En del patrullering utmed gränsen skedde nattetid och till fots. Den gjordes patrullvis och var inte helt odramatisk:

> Att med karta och kompass och med skarpladdade
> vapen med bajonett på i nattens mörker treva sig
> fram utefter franska gränsen var nog så spännande.[13]

Bidragande inslag i den hotbild som målades upp var både de irreguljära trupperna och de olika polisorganisationerna. Det var känt att det fanns lokala enheter av S.A. (*Sturmabteilung*) och S.S. *(Schutzstaffel)* trots att det gjorts försök att upplösa dem. Ett stort antal unga män hade varit på frivilliga arbetsläger (*freiwilligen Arbeitsdienst*) på andra sidan gränsen, i Tyskland. Det förekom uppgifter om att cirka 15.000 av dessa hade återvänt till Saar de senaste veckorna. De hade utlovats att bli befriade från vidare militärträning om Saar återförenas med Tyskland. Den träning de genomgått var halv-militär, det var också möjligt att en del vapen hade smugglats in i området. Med de här uppgifterna utgjorde unga män en stor källa till möjliga oroligheter och behövde därför noggrant bevakas.[14]Redan vid den svenska bataljonens ankomst var valkampanjen intensiv och hetsig, den ökade ju närmare omröstningen kom. Med detta fanns naturligtvis en risk att det skulle uppstå oroligheter i området. Till allmänheten hemma i Sverige förmedlades den spända situationen av dagstidningarnas utsända reportrar i mer eller mindre dramatiska utläggningar. Efter nyår hade antalet tidningar med egna korrespondenter utökats, några tidningar hade skiftat korrespondenter till mer politiskt inriktade journalister. Den bild som pressen presenterade för den svenska hemmapubliken gav ett intryck av att Saarområdet stod inför ett nära förestående våldsutbrott. I detta eventuella kaos skulle underförstått svenska soldater hjältemodigt behöva ingripa. Som exempel vidarebefordras de incidenter som förekom och som egentligen inte var någon direkt tändande gnista till större oroligheter. Redan den 2 januari rapporterar Stockholms Tidningen om:

Nya oroligheter i Saarområdet. Skottlossning på flera platser nyårsnatten. Den oro och nervositet som glöder under den till synes så lugna ytan kom nyårsafton till öppet utbrott på flera platser i Saardistriktet".[15]

Utan att peka ut några större incidenter är rubrikerna och texterna i Dagens Nyheter sådana att Saarområdet står inför nära förestående oroligheter. I veckan innan valet beskrevs i måndagens tidning att stämningen i Saar blivit allt bittrare och att Saarbrücken närmast kunde beskrivas som en ångande häxkittel. Saar uppfattades som tystare och lugnare än som verkade normalt inför den avgörande folkomröstningen på söndagen, men under ytan sjöd det av lidelser och situationen blev än mer upptrappad som det framställs i torsdagens rubrik och ingress:

> Spänningen i Saarområdet har nått bristnings-
> gränsen. . . Spänningen i Saar har ökats, man kan
> nästan säga till bristningsgränsen. . .

I allt det uppmålat hotfulla har DN även haft samtal med högkvarteret i Merzig och i en artikel infogat en kort lägesrapport från den svenska truppen om att allt är väl hos svenskarna.[16] Svenska Dagbladets utsände korrespondent, professor Fredrik Böök, lämnade också en liknande och lugnande rapport om att det rådde frid och ro i det svenska kvarteret. Men därefter fortsatte han med en mer hotfull beskrivning av situationen, där även han använde kitteln som metafor i sin artikel:

171

Kitteln kokar i Saar. Stämningen är ytterst uppjagad.
Staus quo-männen protestera redan mot omröstnings-
sättets tillförlitlighet. Ett tecken på att man missröstar? [17]

I sann, dramatisk kvällstidningsanda ger Aftonbladet en bild av att
det i vilket ögonblick som helst kan utbryta svåra oroligheter som
fordrar ingripande av den internationella styrkan:

Saartrupperna utryckningsklara.
Svåra oroligheter i Saarbrücken.
Skottlossning – flera sårade.[18]

En källa till oro var som tidigare nämnts den illojala polismakten,
som hade tydliga sympatier för Tyska Fronten. En incident skedde i
Püttlingen där en allvarlig sammanstötning kom till stånd mellan
nazister och socialister, där en nazist blev allvarligt skadad. De sex
polismän som ingrep och ville upplösa tvisten till
nationalsocialisternas fördel var dessutom berusade. Den
internationella polisens chef, major Hennesey, for genast till
Püttlingen och konstaterade där att några av poliserna var onyktra.
De fördes till Saarbrücken för vidare undersökning. Senare
meddelades att de sex poliserna blev suspenderade. Orsaken till
sammandrabbningen var att nazisterna delade ut antisocialistiska
flygblad, även bland socialister.[19] Sammandrabbning ägde också
rum i den svenska truppens förläggningsstad Merzig när en
upphetsad folkmassa förföljde Enhetsfrontens tidningsförsäljare
och hindrade dem under lång tid från att tillkalla polis. I folkmassan
ingick också skolbarn upphetsade av sina lärare.

172

Då poliskommissarien äntligen kom till platsen, hotades också
han av folket och ingen ville uppge sitt namn. En bonde, som satt i
sin vagn och som varit en av de värsta, satte då han tillfrågades om
namn och adress sina hästar igång och körde omkull
polismästaren."[20]

En sund journalistisk reflektion, efter en hel del kritik, kom från
DN:s utsände kor ndent som insåg att det fanns många nyheter att
välja mellan och att deras betydelse i hög grad varierade. Men hur
de uppfattas beror helt och hållet från vilken sida men ser dem.
Med den inställningen hittade han en patriotisk sida av en tråkig
nyhet från den lilla orten Besseringen i Merzigdistriktet. Tyska
fronten hade där utövat en så omfattande terror att Enhetsfrontens
tidning Volkstimme inte längre kunde distribueras. För honom
tedde sig nyheten så att det sett från en svensk sida blev:

> I detta distrikt ligga de svenska pojkarna, och
> man vill gärna hoppas att deskola slippa arbete
> av det obehagliga slag som det här är fråga om.[21]

De beskrivningar av förhållandena som pressens förmedlade
stämde inte överens med hur de direkt inblandade upplevde och
beskrev förhållandena. Förutom de direkt inblandades uppfattning
var det också en allmän uppfattning att den svenska styrkan hade
tilldelats ett särskilt lugnt område med en välvillig befolkning som
man inte trodde skulle ställa till med några oroligheter, vilket också
tydligt framhålls:

> Med risk att all hjältegloria omkring oss förbleknar,
> skall jag omedelbart omtala, att det här är en synnerligen
> trevlig och godmodig befolkning, som inte kommer
> att ställa till med några oroligheter.[22]

173

I en berättelse skriven i nära anslutning till tjänstgöringstiden i Saar beskrivs hur skillnaden mellan verklighet och pressens beskrivning uppfattas, men också i ironiska ordalag hur pressen arbetar för att skapa de bilder som den vill förmedla:

> Det är roligt att jämföra de händelser som man själv står i,
> Med skildringarna därav, men nog blir man tämligen
> skeptisk gentemot pressen. Nu blev det avbrott igen. En
> amerikansk fotograf, som skulle ordna till några situationsbilder.
> Vi skulle ha stålhjälm på oss. Troligen är det någon ståtlig artikel,
> som skall kokas ihop om revolverskotten på nyårsafton "Jäsning i
> Saar, befolkningen upphetsad. Svenskarna i alarmberedskap (med
> fotografi). Vad skall hända? o.s.v.?"[23]

Bataljonschef Nordenswan uttalade efter rykten om oroligheter och sammanstötningar att man i Sverige genom pressen får en betydligt överdriven skildring av de verkliga förhållandena. Han är i en intervju irriterad över pressens utmålningar av situationen:

> Med undantag av några små och helt betydelselösa
> uppträden i Saarbrücken, vilka polisen utan svårighet
> själv lyckats ordna upp, är här fullkomligt lugnt,
> framhåller överstelöjtnanten med eftertryck. Jag ser
> mig nödsakad att karakterisera alla dessa sensationella
> tidningsartiklar som beklagligt överdrivna och vill gärna
> framhålla lämpligheten av att nyhetsmaterialet från
> Saarområdet behandlas med stor försiktighet. För övrigt är
> tillståndet inom den svenska truppen utmärkt. . .[24]

Även i officiella rapporter beskrivs läget som att lugn och ordning råder och att den situation som pressen målar upp är kraftigt överdriven. I sin rapport till konungen beskriver bataljonschef Nordenswan situationen:

> Inga oroligheter hava här förekommit. Även i Saarområdet
> i övrigt torde man kunna säga, att lugn och ordning råder,
> även om i Saarbrücken och på några andra platser smärre
> sammanstötningar förekommit mellan anhängare av de olika
> partierna. Uttalanden i den svenska pressen om oroligheter i
> Saarområdet äro dock mycket överdrivna.

I sin rapport fortsätter han helt lakoniskt om truppens tillstånd, som i sin utformning är väsensskild från pressens sensationsmakeri och som säkerligen inte ens hade getts utrymme i någon tidning:

> Truppens hälsotillstånd är gott. Endast några få
> fall av lindrig influensa m.m. hava förekommit.
> Truppens uppförande har varit mycket gott.[25]

I sin rapport nr.1 till konungen meddelar bataljonschefen att befolkningen i Kreis Merzig är mycket välvilligt inställd gentemot den svenska truppen för att i de följande rapporterna återkomma med att den svenska truppens förhållande till befolkningen fortfarande är den bästa. Det var inte bara invånarnas vänlighet och välvilja, utan också den svenska truppens positiva inställning, dess sammansättning och inte minst dess kunskaper i tyska språket som påverkade förhållandet i Kreis Merzig. Redan från uttagningen i Sverige lades stor vikt vid de deltagandes språkkunskaper i tyska. I Saar utnyttjades detta genom att minst ett par man i varje grupp talade tyska. Härigenom kunde den svenska truppen få god kontakt med befolkningen. I den schemalagda verksamheten ingick utbildning i tyska, som även den bidrog till att allt fler kunde ha kontakt med befolkningen. I sina minnen från Saar beskriver Berg och Edsman att ordningen och lugnet var fullkomligt. De beskriver

också att befolkningen var genomdisciplinerad och att den uppsk-
attade de kontakter som soldaterna flitigt försökte få till stånd:

Svensk-tyska kontakter.   Tidningsfoto

Då den militära uppgiften fick en dylikt inskränkt
karaktär, gavs det rikliga tillfällen för oss att komma
i kontakt med befolkningen såväl inom ramen för
övningsprogrammet som under fritiden. Dessa möjligheter
utnyttjades otvivelaktigt mest av svenskarna, en följd av vår
trupps sammansättning, och gåvo ett rikt utbyte.[26]

Den särställning som svenskarna här påstås ha etablerat uttrycktes också, som tidigare relaterats, av valkommissionens sekreterare Hellstedt. Särställningen framkommer också i en artikel som beskriver rykten om irriterande intermezzon i en annan kontingents område. Ryktena visade sig dock vid närmare granskning bara vara små episoder. Men efter denna korrekta inledning fortsätter artikeln med det mer spekulativa om byte av kontingent och om den svenska truppens popularitet och särställning.

> Det har dock sports att vissa omplaceringar eventuellt
> komma att vidtagas för den händelse detta skulle visa sig
> lämpligt för undvikande av störande element. Man räknar
> uppenbarligen med att svenskarna stå i främsta ledet
> i frågan om popularitet hos ortsbefolkningen och
> därigenom lättast kunna fylla den avsedda uppgiften att
> bidraga till ordningens ostörda uppehållande."[27]

En viktig del i general Brinds order var att sätta så lite press so möjligt på befolkningen och att relationerna till dem skulle bli så vänlig som möjligt. Det tycks av beskrivningarna att döma som om särskilt den svenska kontingenten i hög grad tog detta som sin ledstjärna. Resultatet med de goda relationerna framhävs oftast med superlativ av den svenska pressen och av de svenska deltagarna. Trots superlativen framgår det ändå att den svenska truppen etablerade verkligt goda och vänliga relationer med befolkningen och att dessa relationer i viss mån var unika för den internationella styrkan. Med stor partiskhet, nationalism och en rejäl portion patriotism beskrivs detta:

...Vår första och inte minst viktiga uppgift var naturligtvis att bekanta oss och komma på god fot med befolkningen i de orter där vi blivit förlagda eller för övrigt uppträdde enskilt eller i trupp. Med detta har vi inte kunnat lyckas bättre. Vi ha gjort succé pyramidal, vi äro som redan bekant övermåttan populära. Var helst vi visa oss, i Saarbrücken eller den minsta lilla by, bli vi överhopade med de hjärtligaste ynnestbevis. En gång voro vi några stycken, som vid ett besök i det "italienska" Dillingen togo oss för italienare. . . .Vi upplyste dem om attvi voro svenskar. . . .Genast samlades en massa människor, som alla ville prata med oss och ha oss till Dillingen i stället för italienarna. . .[28]

I sitt anförande till de olika kontingenternas chefer på julafton påpekade Brind vikten av ett nära samarbete så att alla skulle kunna förstå varandra och undvika intern osämja. Den italienska kontingenten framställdes ofta som impopulär bland befolkningen. Även om mycket var överdrivet fanns det några förhållanden som togs illa upp av befolkningen. Grunden till befolkningens ogillande lades när italienarna marscherade in i sitt bevakningsområde fullt krigsutrustade med stålhjälm och påsatta bajonetter. En annan faktor var de italienska officerarna, som såväl i tjänst som på fritid alltid gick omkring beväpnade med pistol. I motsats till detta står framställningarna om populariteten för den svenska truppen, där det också förekommit antydningar om svenskarna skulle ta över en del av det italienska övervakningsområdet. Det här var inget reellt eller officiellt förhållande, inte förrän bataljonschef Nordenswan råkar säga lite för mycket i en telefonintervju med tidningen Nya Dagliga Allehanda. Där återges han beskrivning om hur oerhört populär den svenska truppen är och hur impopulär den italienska truppen tyvärr är. Tidningens rubrik/ingress är med stora, feta bokstäver:

Stålhjäm och bajonett psykologiskt missgrepp
av italienarna.[29]

En internationell kris var under uppsegling enligt den italienske
ambassadören i Stockholm, som gjorde en demarché till
utrikesdepartementet och påpekade att Nordenswans uttalande
kommer att väcka uppseende i världspressen. UD var inte sena att
kontakta försvarsmakten, som lät af Klercker sköta ärendet. I ett
brev till Nordenswan beskriver han att han fått chefredaktören att i
tidningen införa ett tillrättaläggande. Han har också haft intensiva
överläggningar med UD varefter italienarna låtit sig var nöjda. Men
UD påpekar via försvarsdepartementet i sin skrivelse till
Nordenswan:

> . . .det önsvärda av att envar tillhörande den
> svenska Saarbataljonen för framtiden undviker
> uttalanden av berörd eller liknande art.[30]

I fortsättningen av sitt brev till Nordenswan förklarade Klercker att
ärendet för närvarande var avfört hemma i Sverige. Men han såg
också ett hot i att saken blev känd hos den italienska truppen och
därigenom skulle kunna skapa osämja mellan trupperna. Hans brev
markeras som förtroligt och inleds med "Broder". Och som den
pragmatiske broder han är lämnar han ett gott råd till Nordenswan:

> Måhända kunde det därför vid tillfälle vara lämpligt
> att Du läte italienske befälhavaren, event. via engels-
> männen, förstå huru hela missförståndet uppstått.
> Så lagt kan det näppeligen tolkas som en ursäkt,
> italienarna äro nog icke obekanta med pressmäns
> förfarande.[31]

179

Den popularitet som 1935 tillskrevs svenskarna fanns inte här för 300 år sedan, mitt under trettioåriga kriget. Det var 1635 som svenskarna flydde efter nederlaget vid Nördlingen under befäl av hertig Bernhard av Weimar. Svenskt kavalleri skulle ha uppehållit sig vid Trier alldeles i närheten av Saar. Under kriget utsatte den svenska armén befolkningen för ett veritabelt skräckregemente. Den skräcken gav upphov till en barnvisa, som levt kvar och som skolbarnen nu sjöng för några av soldaterna:

Bet Kind, bet	Be barn, be
Morgen kommt der Schwed	I morgon kommer svensken
Morgen kommt der Oxenstern	I morgon kommer Oxenstierna
Und wird dir schon beten lern	Och skall nog lära dig bedja[32]

Den korta tid som Saarforce varit verksam i området fick nu alltmer inriktas på själva dagen för folkomröstningen. Säkerheten kring själva omröstningen och hanteringen av valurnorna var de stora uppgifter som nu låg framför den internationella styrkan.

180

Referenser

[1] Brind, J.E.S., *Saarforce Order No. 1.,* KrA, *Ivar af Silléns arkiv.*

[2] Burne, A.H., 1936.

[3] Brind, J.E.S., *Saarforce Order No. 1.,* KrA, *Ivar af Silléns arkiv.*

[4] Saarforce Headquarter, *Saarforce Intelligence Summary No. 1.* KrA, *Kungl. Svea Livgardes arkiv.*

[5] Bataljonsorder, KrA, *Kungl. Svea Livgardes arkiv.*

[6] Berg, Ernst & Edsman, Carl-Martin, *Minnen från Saar,* juli och december 1935, KrA, *W. Reuterswärds arkiv.*

[7] Der Bürgermeister der Stadt Merzig, *An das Schwedische Hauptquartier Merzig,* KrA, *Kungl. Svea Livgardes arkiv.*

[8] Nordenswan, Arthur, *Rapport nr. 3 till Konungen,* den 12/1 1935, KrA, *Kungl. Svea Livgardes arkiv.*

[9] 12. Komp. Kompaniorder nr. 9, den 31/12 1934, KrA, *Harald Svenssons arkiv.*

[10] Reuterswärd, Wilhelm, 1976.

[11] Nordenswan, Arthur, *Koncept till artikel,* KrA, *A. Nordeswans arkiv.*

[12] Berg, Ernst & Edsman, Carl-Martin, *Minnen från Saar,* juli och december 1935, KrA, *W. Reuterswärds arkiv.*

[13] Skaraborgs Regemente, *Minnesskrift 1981.* Refererad berättelse av furir Torsten Karlsson.

[14] Saarforce Headquarter, *Saarforce Intelligence Summary No. 1.* KrA, *Kungl. Svea Livgardes arkiv.*

[15] StT den 2/1 1935, utsände korrespondenten A. Vinding.

[16] DN den 7/1 resp. 10/1 1935, utsände korrespondenten H-ling.

[17] SvD den 11/1 1935, utsände korrespondenten Fredrik Böök.

[18] AB den 2/1 1935, utsände korrespondenten Peson.

[19] DN den 7/1 1935, utsände korrespondenten H-ling.

[20] StT den 11/1 1935, utsände korrespondenten A. Vinding.

[21] DN den 7/1 1935, utsände korrespondenten H-ling.

[22] Berg, Ernst & Edsman, Carl-Martin, *Minnen från Saar,* juli och december 1935, KrA, *W. Reuterswärds arkiv.*

[23] Ibid.

[24] AB den 4/1 1935, intervju med bataljonschef Nordenswan.

[25] Nordenswan, Arthur, *Rapport nr. 2 till Konungen,* den 5/1 1935, KrA, *Kungl. Svea Livgardes arkiv.*

[26] Berg, Ernst & Edsman, Carl-Martin, *Minnen från Saar,* juli och december 1935, KrA, *W. Reuterswärds arkiv.*

[27] AB den 27/12 1934 utsände korrespondenten Peson.

[28] SDS den 9/1 1935, *En svensks intryck från Saarområdet,* signaturen W.A.

[29] Urklipp från Nya Dagligt Allehanda den 26/12 1934, KrA, *Lantförsvarets kommandoexpedition.*

[30] Brev från Försvarsdepartementet till A. Nordenswan den 28/12 1934, KrA, *Lantförsvarets kommandoexpedition.*

[31] Brev från Ernst af Klercker till A. Nordenswan, KrA, *Lantförsvarets kommandoexpedition.*

[32] Berg, Ernst & Edsman, Carl-Martin, *Minnen från Saar,* juli och december 1935, KrA, *W. Reuterswärds arkiv.*

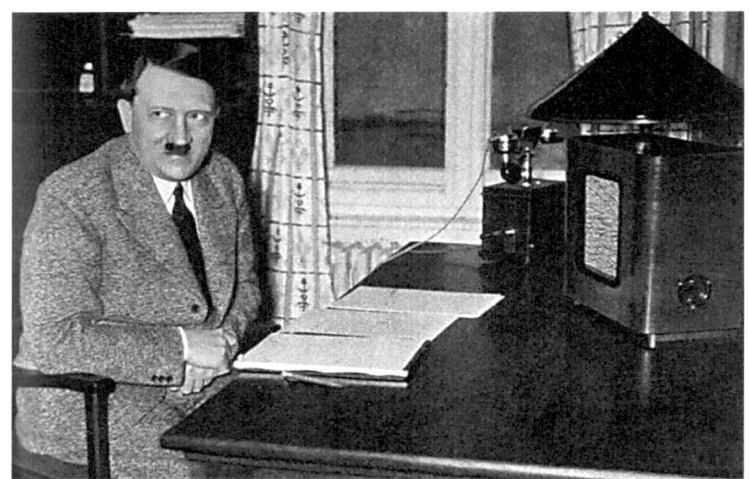

Hitler inväntar radiosändning med valresultatet.   Foto: Bartz

Inför och under folkomröstningen

Omröstningen och säkerheten kring den var ett delikat uppdrag för den internationella styrkan. Hur allt detta skulle genomföras hade general Brind dragit upp detaljerade riktlinjer för i *Saarforce Order No. 3*. I den inledande informationen redogörs för hur omröstningen kommer att genomföras. Vallokalerna öppnar den 13 januari klockan 8 och stänger klockan 20, men omröstningen fortsätter tills alla som finns i lokalen har röstat. I vallokalen finns en tjänstgörande, neutral ordförande och två röstkontrollanter, som representerar var sitt motstående parti, och två assisterande röstkontrollanter. När röstningen är genomförd kommer de tjänstgörande valförrättarna att låsa och försegla valurnorna och att underteckna sitt upprättade valprotokoll. Urnorna kommer sedan att samlas upp under militär eskort. Ordföranden och de två röstkontrollanterna vid varje vallokal kommer att medfölja sina urnor från vallokalen till rösträkningsstället i Saarbrückens Wartburghall. Det fanns en risk för att det blev väl mycket folk på lastbilar eller på tågen, omröstningskommissionen kunde därför utse en ordförande och två röstkontrollanter som skulle medfölja alla urnorna under resan. Vid rösträkningslokalen ska urnorna levereras till omröstningskommissionens tjänstgörande personal inuti byggnaden. Uppgifterna för Saarforce under omröstningen är att ligga i beredskap för att assistera Regeringskommissionen med att upprätthålla lugn och ordning. Styrkan ska också garantera urnornas säkerhet under transporten från vallokalen, där de

185

omhändertas av militär, till rösträkningsstället och i rösträkningslokalen. När rösterna räknats ska Saarforce bevaka röstsedlarna när de transporteras från rösträkningslokalen till Saarområdets gräns. Saarforce ska genomföra dessa åtaganden i fyra faser.

I den första fasen fram till den 12 januari ska de olika kontingenterna detaljerat ha rekognoserat situationen vid de olika vallokalerna inom sitt respektive område. De ska också ha rekognoserat fram lämpliga platser för de stående patruller som eventuellt kan behövas. Inom sitt område ska de ha full kännedom under såväl dag som natt om de vägar som de ska följa på valdagen. För att ytterligare markera sin närvaro ska patrullering ske än mer frekvent, även nattetid vid gränsen till Frankrike.

I fas två den 13 januari mellan klockan 8 och 22 ska patrullering ske vid gränsen. Samarbete ska ske med polisen och stående patruller ska utplaceras på lämpliga platser och i samråd med polisen. De ska snabbt kunna sättas in vid minsta orolighet i vallokalen, samtidigt ska patrullen vara dold på en plats där de kan vara i telefonkontakt med sitt högkvarter.

I den tredje fasen mellan klockan 20 den 13 januari och klockan 8 den 14 januari ska de olika kontingenterna svara för insamling av valurnorna och för dess bevakning under resan till rösträkningslokalen i Saarbrücken. Denna kan ske antingen med specialtåg eller med lastbilskonvoj. Varje officer som avdelats att eskortera och transportera valurnorna ska förses med ett identitetscertifikat inkluderande Saarforce officiella stämpel.[1]

186

Den fjärde fasen, som bara berörde den engelska kontingenten, omfattade dels vakthållningen i Saarbrückens rösträkningslokal och dels att efter rösträkningen eskortera tåget med valkommission och röstsedlar till franska gränsen.

Inom den svenska bataljonen förbereddes och övades minutiöst både dag och natt längs den färdväg som urnorna skulle transporteras.

> Förberedelserna för truppens verksamhet vid insamlandet av rösturnorna hava avslutats med förövning den 11 på kvällen, varvid allt förlöpte enligt den uppgjorda planen. Transporten av urnorna till Saarbrücken sker med extratåg, som utgår från Mettlach natten den 13.–14. januari.[2]

Det befarades oroligheter inför folkomröstningen på söndagen den 13 januari, det gick till och med rykten om en kupp för att omöjliggöra omröstningen. Med den hätska stämning och de trakasserier som förekommit i valkampen var det inte svårt att förstå farhågorna. Men en tvär vändning skedde. En starkt bidragande orsak till detta var regeringskommissionens förordning som från den 10 januari och fram till dess att omröstningsresultatet offentligt redovisats förbjuder såväl öppna som slutna folksamlingar. Det gäller även de som har sällskapligt ändamål (zu geselligen Zwecken) såvida de hålls i samhällen eller i lokaler som är tillgängliga för allmänheten. Enda undantag från förordningen är teater- och lustspelsuppföranden.[3] En av orsakerna till förordningen var omfattningen av de demonstrationer som skedde söndagen den 6 januari i Saarbrücken och som närmare valdagen skulle kunna ge upphov till oroligheter. Enhetsfronten hade sedan en tid tillbaka fått tillstånd att då arrangera ett valmöte. Tyska Fronten skulle egentligen inte hålla några stormöten efter den 15 december, men begärde den 4 januari att få tillstånd för ett valmöte på söndagen den 6 januari. Samma dag som Enhetsfronten skulle hålla sitt valmöte. Regeringskommissionen tog det modiga beslutet att tillåta bägge partierna att hålla sina valmöten under förutsättning att Tyska Fronten skulle hålla sitt möte på den södra sidan av floden Saar och på andra tider än de som Enhetsfronten skulle hålla sitt. Tyska Frontens medlemmar började komma till stationen redan vid 6-tiden på morgonen och fick vandra via den av polisen uppgjorda vägen till platsen för valmötet. Det var ett enormt antal medlemmar som kom till Saarbrücken. När tågen med Enhetsfrontens medlemmar började anlända vid 12-tiden hade därför inte alla medlemmar av Tyska fronten hunnit komma iväg till sitt möte. Men med de skilda marschvägarna och med åtskilda broar kunde partierna under ordnade förhållanden hålla sina valmöten. Även en incident med avklippta elledningar till Enhetsfrontens högtalare löstes genom polisens ingripande. Mr. Knox blev på kvällen informerad av polischefen att allt gått bra, att han var nöjd med situationen och att han inte längre behövde någon närvaro av Saarforce.[4]

Med denna förordning om folksamlingar ebbade den intensiva valkampanjen ut och ersattes av ett lugn som var raka motsatsen till den hätskhet som varit. Rapporteringarna omedelbart innan folkomröstningen var ganska samstämmig.

> Hela Saar har nu ett helt annat ansikte. I går fanns
> överallt spänning, nervositet och en oro inför ett blodigt
> utbrott – idag ordning och lugn med en återvänd trygghet.
> Det är inte något vunnet utan har uppstått genom ett stilla
> men bestämt framvisande av militära maktmedel. I den
> svenska förläggningen är andan utmärkt och tjänsten går
> perfekt. Några föreställningar om att mannarna blivit alltför
> bortklemade på grund av sin popularitet bland befolkningen
> får man inte göra sig. Deras förhållande till saarländarna äro
> lyckligtvis gott . . .[5]

I de flesta rapporterna observerade korrespondenterna det lugn
som uppstått, av någon beskrivet som en underlig ro över Saar och
som något av en stilla högtid. Samtidigt sågs det som en för
befolkningen betydelsefull högtid när de med sin fasta vilja gavs
möjlighet att återvända till det oföränderliga fosterlandet.

> Men det är också som om stämningen idag slagit över från
> det nervösa och överspända under sista veckan till något av
> stilla högtid. Och förvisso är det som begås i morgon av detta
> folk som äntligen får säga ifrån att det främmande herraväldet
> under femton år nu ska ta slut. Därtill är det något högre som
> nu står på spel än statsmakt och organisation. Konstitutioner
> stiga fram och försvinna, vare sig de är demokratier eller diktaturer,
> men fosterlandet ä oföränderligt vem som än utövar makten.
> Och det är sin fasta vilja att vända åter till fosterlandet som
> saarfolket i morgon går att betyga vid valurnorna.[6]

Det rapporterade lugnet förstärktes genom de målande
beskrivningar som korrespondenterna lämnade om stämningen i
Saar med ett tjockt snötäcke, gator med ljusgirlander på fasaderna
och med flammande marschaller. Sent på kvällen var gatorna som
en serie stämningsfulla julkort. När klockorna ringde från
kyrktornen påminde detta mer om en helgdagsafton eller en

julkväll. Snön, utsmyckningarna och klockringning från kyrktornen påverkade säkert korrespondenterna, som uppenbarligen var tagna av det lugn och den frid som nu rådde i Saar. Eftersom all deltagare ansträngde sig att vara ytterst korrekta visade trupperna knappast upp sig och trädde aldrig i funktion. Kollegerna från de utländska tidningarna, från världspressen, hittade därför inte mycket att berätta för sina läsare, det fattades sensationer. Och de rikstäckande tyska tidningarna kunde inte heller göra mer, utom att då och då lämna en lyrisk, men intetsägande stämningsrapport. Egentligen var allt en verklig idyll, som också kan karakteriseras genom att de rikstyska journalisterna broderligt samsades och bodde under ett gemensamt tak, på hotell Rheinischen Hof i Saarbrücken.[7] En kanske förhastad slutsats om folk-omröstningens lugn och dess plats i historien drogs i en artikel.

> Folkomröstningen den 13 januari 1935 blir det tys-
> taste val, som någonsin förekommit i världshistorien.[8]

En annan bidragande orsak till den lugna stämning som rådde kan vara den polisförordning som Regeringskommissionen utfärdade. En polisförordning där alla utskänkningsställen förbjöds att sälja alkoholhaltiga drycker från den 12 till och med den 15 januari 1935. Men under dessa dagar var det tillåtet att servera enbart öl eller vin. Detta fick ske mellan klockan 12 och 15 samt mellan klockan 18.30 och 21.[9] I en sista vädjan om lugn inför valdagen skickade NF:s råd ett telegram kvällen före folkomröstningen. I telegrammet riktar rådet en allvarlig maning till befolkningen i Saar-området att genomföra omröstningen med lugn och värdighet. Härigenom kunde befolkningen visa att den är medveten om betydelsen av den omröstning, som den ska genomföra. Rådet uppmanade befolkningen att bibehålla samma lugn och värdighet tills rådet på kortast möjliga tid fattat de beslut som föranleds av röstresultatet.

Det var en grå och kulen söndag med snösörja när befolkningen gick till vallokalerna för att lägga sin röst. För söndagen hade regeringskommissionen beslutat om ytterligare åtgärder i akt och mening att valdagen skulle bli så lugn och fredlig som möjligt. Under dagen rådde det förbud mot att sälja eller dela ut tryckta skrifter, propagandaaffischer eller tidningar. I hela Saarområdet utkom därför inte en enda tidning under söndagen. Bägge de stridande partierna hade en effektiv organisation för att få fram sina anhängare till valurnorna. Tyska Fronten hade särskilt effektivt organiserat bilskjutsar (Motordienst) så att ingen röst för Tyskland skulle gå förlorad. Även särskilda sjukbilar med personal från Röda Korset skjutsade de som inte på egen hand kunde ta sig till vallokalerna. Vid vallokalerna kom gamla och sjuklingar stödda på sjuksystrars armar eller hjälpta av sjukvårdare att lägga sin röst i urnan. Bilskjutsarna var bara en mindre del av all den förflyttning av röstande som skedde i Saar denna valdag. Allt detta kringresande orsakades aven valbestämmelse som angav att man skulle rösta på den ort där man bodde motsvarande dag 1919. Hela transportproblemet var oerhört, ungefär en femtedel av befolkningen eller 100.000 personer var på resa denna dag. Förutom de ordinarie tågen, som är många i detta tättbefolkade Saar, sattes det in mer än 200 extra så kallade "omröstningståg". En föreställning om de hektiska förhållandena var att 220 tåg lämnade Saarbrückens huvudstation under valdagen. Hela Saarområdet var som en enda stor folkvandring kors och tvärs över landet.

191

Trots den hetsiga och hätska agitation som bedrivits inför folkomröstningen präglades valdagen av lugn och sträng disciplin. Ludwig Hang erinrar sig hur befolkningen under den här tiden vacklade i sina sinnen, fram och tillbaka mellan stabilitet och frestelse. Saarländarna var tydligt uppdelade för antingen det ena eller andra, ett typiskt tyskt svart-vitt förhållande. Hangs far, som var tysknationalist, tog på sig sin Kyffhäusermütze (skärmmössa för krigsveteranförbundet Kyffhäuser) och gick ut för att demonstrera för anslutning till Tyskland. Farbrodern, som var socialdemokrat, stack en nejlika i knapphålet och protesteradepå det viset mot en tysk anslutning.[10]   Tyska Fronten hade satt upp plakat med uppmaning att *Rösta tyskt! Gör tigande er plikt!* Köerna till vallokalerna var inte någonstans mer än som mest ett hundratal personer. Inne i vallokalerna gick röstningen med verklig precision

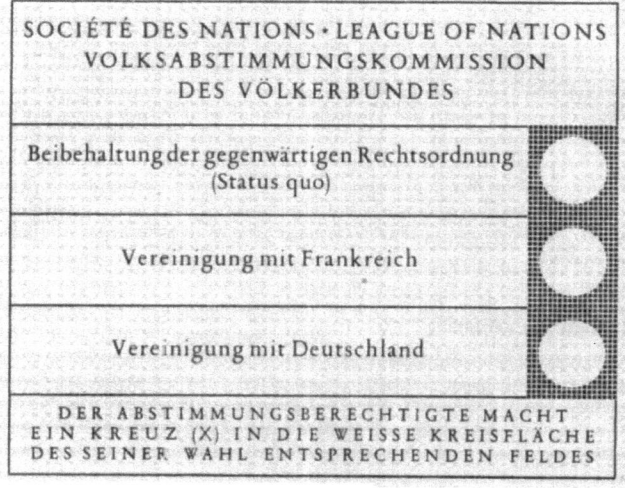

Valsedel

och efter polisens anvisningar. Valförrättningen övervakades av en neutral representant. Väljarna fick överlämna sitt pass och sitt väljarkort till en stadsfullmäktige- ledamot. Han antecknade numret och gav den röstande ett kuvert som innehöll valsedel med de tre olika alternativen. Väljarna skulle med ett kryss i den vita, cirkulära ytan markera om man ville ha kvar nuvarande form (status quo), förening med Frankrike eller förening med Tyskland. De internationella trupperna var dels diskret utplacerade och dels med förhöjd beredskap i förläggningarna för att kunna möta eventuella oroligheter. Pressen förmedlade i sina rapporter till Sverige en bild som närmast liknade ett förestående krigsutbrott. Feta rubriker med:

> Saar röstar i alarmberedskap.
> Alla styrkor är mobiliserade.[11]

Även om spänningen och ovissheten om hur folkomröstningen skulle kunna genomföras kunde ändå en del rubriker kännas alltför dramatiska:

> Trupperna i Saar skjuta skarpt vid minsta försök till oroligheter.
> Stränga order inför morgondagens omröstning.[12]

Sett utifrån dessa hotfulla rubriker blev valdagen att antiklimax. Det rådde ett fullständigt lugn, inte ett intermezzo inrapporterades utan hela valproceduren genomfördes utan att den internationella styrkan behövde tas i anspråk.

> Europas hjärta slog lugnare.[13]

193

Valdagen och stämningarna kring denna kunde istället avdramatiseras för att lugnande och verklighetsnära beskrivas som:

> Värdighet över Saaromröstningen Folkomröstningen:ordning och lugn. Fulländad organisation, valrätt och valhemlighet absolut tryggade – rörande scener i vallokalerna.[14]

Den internationella militärstyrkans ingripande blev som planerat först när valurnorna skulle insamlas och bevakas under transporten till Saarbrücken. Allt detta var förberett och väl inövat. Vid kvällens och nattens insamling och transport av valurnorna visste chaufförerna exakt var de skulle stanna, med vilken hastighet de skulle köra och vilka tecken som gällde för sambandet mellan bilarna i konvojen. Den var sammansatt av tre större lastbilar. I den första och sista bilen fanns bevakningstrupp som spärrade av gatan framför vallokalen. Den mellersta bilen var den som transporterade urnorna. I den bilen fanns en officer, en kulsprutegevärsskytt och två gevärsskyttar för urnornas omedelbara skydd och som vittnen fanns de civila valfunktionärerna. I bataljonsordern rekommenderades ytterligare en person att medfölja:

> På varje bilkonvoj och tåg 'A' bör om möjligt en fotograf med blixtljuslampa medfölja för fotografering enlig militär befälhavares bestämmelse.[15]

Valorganisationen var nu i sitt känsligaste läge, det låg en stark spänning i luften under de tre timmar det tog att transportera valurnorna från de olika vallokalerna till den avspärrade järnvägsstationen i respektive stad. Utanför Beckingen fanns en bräcklig bro, som skulle passeras av bilkonvojen.

Inlastning av valurnor.   Foto: Gunnar Larsson

Bron bedömdes vara lätt att spränga och bevakades därför tills konvojen hade passerat. På stationen i Merzig skulle eventuellt sårade omhändertas och här uppehöll sig också bataljonsläkaren. Vid stationerna i Mettlach, Merzig och Beckingen togs urnorna ombord på ett järnvägståg, bemannat med bevakningstrupp från 12. kompaniet. Före tåget med urnorna gick ett extra lok för att röja eventuella attentat mot järnvägslinjen. Det viktiga tåget med urnorna var sammansatt så att närmast loket fanns en personvagn med bevakningstrupp. Efter den följde två stycken godsvagnar med urnorna och sist ytterligare en personvagn för bevakningstrupp.[16]

> Så ställde vid 22-draget min pluton upp för att fara till
> Mettlach, den längst i väster belägna "urn-stationen". Vi hade
> till uppgift att eskortera "urntåget" från Mettlach till Saarbrücken
> och vid mellanliggande stationer taga upp urnor samt se till, att
> de på behörigt sätt ilastades av andra truppkontingenter. Då vi
> hade ända upp till 228 stora stålurnor att bevaka, var det en ytterst
> ansvarsfulluppgift som förestod oss. I Mettlach, Merzig och

195

Beckingen var det våra svenska kamrater, som stodo för ilastningen. Hela stationsområdena voro naturligtvis avspärrade och väl bevakade. Tre civila herrar, varav en från Deutsche Front, en från Einheitsfront och en neutral skulle som kontrollanter medfölja till Saarbrücken. Även överste Rydberg, inspektor i Kreis Merzig, medföljde. Av honom hade vi förresten under veckan lopp blivit delgivna de förestående uppgifterna. Vid alla stationer hade stora skaror åskådare samlats, trots den sena timmen, för att önska oss lycka till och sjunga fosterländska sånger.[17]

Allt eftersom tåget närmade sig Saarbrücken passerade det också gruvdistrikten och med det tilltog spänningen och risken för sabotage. I dessa områden fanns de flesta kommunisterna och status quo-anhängarna. Tillfälle för sabotage var som bäst här eftersom de flesta urnorna var lastade och utgjorde en stor del av alla urnor. Dessutom innehöll urnorna valsedlar med sympatier, som inte var svåra att förstå eftersom urnorna var hämtade i de mest tyskvänliga distrikten. Spänningen nådde en topp i den franskvänliga staden Saar-Louise:

> I Saar-Louise blevo tre av oss, som åkte i plutonchefens kupé
> (jag var dennes ordonnans) kommenderade redo att skjuta. En
> sluskig figur, som ej beskrivas kan, hade på ett eller annat vis
> sluppit igenom polis- och truppkedjerna. Han stod där alldeles
> enam och tyst med händerna nedstuckna i fickorna. Vid första
> åtbörd att kasta någonting, vad det vara månde, skulle vi skjuta,
> siktande mot benen. Om han nu hade ont i sinnet, blev han väl
> varnad av gevärspiporna, som han såg riktade mot sig från
> kupéfönstret. Det egendomliga var, att han trots detta ej reagerade.
> Ingenting hände i varje fall.[18]

Efter en lång natt anlände tåget till Saarbrückens huvudbangård vid 4-tiden på morgonen. Här skulle göras ett kort uppehåll för att sedan fortsätta till en förstadsbangård i närheten av rösträkningslokalen Wartburgerhalle. Eftersom tåget var försenat var linjen inte klar, utan tåget fick vänta en knapp timme innan det kunde fortsätta. Här överlämnades urnorna till engelsk trupp, som runtomkring hade posteringar med maskingevär och som för att hålla värmen hade gjort upp eldar. Tågets urnor urlastades av engelsmännen, lastades på beväpnade lastbilar och kördes omedelbart till rösträkningslokalen.

> Vi hade gjort vår plikt. Vi kunde gå. Det gjorde vi även,
> nämligen den ett par kilometer långa vägen till huvud-
> bangården, där någon varm dryck serverades. Sedan foro
> vi omedelbart med extratåg till Beckingen. Vi måste erkänna
> att vi voro ganska trötta, dels på grund av anspänningen och
> dels i brist på sömn. Vi anlände till förläggningen vid 6-tiden,
> drucko några koppar hett kaffe och så bums i säng.[19]

Den engelska truppen svarade härefter för skyddet fram till Wartburgerhalle, under resten av natten och under den där efterföljande rösträkningen. Den kritiska perioden inför valet kulminerade med själva valet där den mest kritiska fasen var vid insamling och transport av valurnorna, men bataljonschef Nordenswan kunde lugnt rapporterar till konungen att:

> Folkomröstningsdagen den 13. januari förlöpte i fullständigt
> lugn. . . .Den svenska truppens verksamhet vid insamlandet
> av rösturnorna och vid dessas transporterande till Saar-
> brücken fullföljdes enligt uppgjord plan och utan några
> friktioner. Någon användning av trupp för biträdande
> vid ordningens upprätthållande har aldrig behövt ifrågasättas
> inom svenska truppens skyddsområde.[20]

197

Redan dagen efter valdagen skrev general Brind ett tackbrev till alla de nationella kontingenterna där han uttryckte sitt tack och sin uppskattning över den grundlighet, effektivitet och energi som uppgifterna genomfördes med under folkomröstningen. Uppgiften var ur militär synpunkt ovanlig, det fanns problem med språk och ett ogynnsamt väder som gjorde det än svårare. Han ansåg att svårigheterna övervanns på ett mycket berömvärt sätt och tackade alla officerare, underofficerare och soldater i Saarforce för deras skickliga och helhjärtade samarbete.[21]

Dagen efter söndagens omröstning, på eftermiddagen den 14 januari, intogs Wartburgerhall av 300 rösträknare och 60 övervakare, alla neutrala. Fem rösträknare fanns vid varje bord, som fick cirka 14 valurnor vardera att räkna. På det uppbyggda podiet fanns hela tiden medlemmar av valkommissionen närvarande med ordförande Rodhe i spetsen. När han strax efter klockan 17 begärde ordet tändes ett tiotal strålkastare som kastade ett bländande sken över podiet.

> Det var precis som i Råsunda filmstad hos Svensk Filmindustri. Och framför landshövdingen var ett helt batteri av mikrofoner i alla storlekar och typer uppradat. Det var radioutsändningarna och filmherrarnas mikrofoner, ty här vevades ingen stumfilm, endast ljudfilm. Och nu slog den svenske presidenten sannerligen Karl XII:s rekord, ty här ställdes icke en mot tio. Jag försökte räkna kameramärnen som gingo till aktion mot landshövding Rodhe, när han reste sig för att i omröstningskommissionens namn förklara rösträkningen påbörjad. Det räckte icke med 40.[22]

Han öppnade valprocessen med ett kort tal där han uppskattade den värdighet och det lugn som Saarbefolkningen visat och hoppades att fortsättningen skulle bli i samma anda. Härefter

Rodhe förklarar att rösträkningen ska påbörjas.

befallde han att räkningsarbetet skulle börja (Die Stimmzählung beginnt). När kuverten var räknade och avstämda mot det protokoll som medföljde varje urna öppnades kuverten. De framtagna röstsedlarna räknades för varje alternativ som valts. När ett valdistrikt var räknat lämnades siffrorna till valkommissionen som höll dem hemliga.[23] I det här skedet, som säkerhetsmässigt fortfarande var kritiskt, fick den norske polisofficeren Lie kännedom om att ett trettiotal av de så kallade blå poliserna planerade en kupp mot Wartburgerhalle för att därigenom sabotera hela folkomröstningen. Tillsammans med sin brittiske kollega Hennesy tog de sig till poliskasernen. Informationen visade sig vara sann, här fanns trettio beväpnade poliser klara för att genomföra sin revolt. Obeväpnade och med en isande kallblodighet steg de båda polisofficerarna in bland de upproriska och kommenderade uppställning. Det lyckades. De som misstänktes vara ledarna blev avskilda och arresterade. Därefter fick de övriga, en efter en, gå fram och överlämna sina vapen. Alla kunde andas ut, men hade kuppen genomförts hade det fått ödesdigra konsekvenser. Troligen hade då omröstningen blivit ogiltig med följd att ny omröstningen då skulle genomföras vid ett senare tillfälle.[24]

Under omräkningen var pressen och ämbetsmän tillåtna att från en pressläktare eller galleri följa rösträkningen. Det var en mycket stor och internationell presskår som samlats och som hade sin speciella anda:

> Uppe på galleriet kan man komma och gå som man vill.
> Det är svårt att tänka sig en mera internationell församling
> än den som samtalar här uppe; det är ungefärsom i Geneve.
> Den gamla bryggan vid Saar har blivit en mötespunkt för
> Europas alla folkslag. Det diskuteras naturligtvis om allt möjligt
> mellan himmel och jord, men den punkt som man ständigt
> återvänder till är omröstningsresultatet. Gissningarna korsa
> varandra och den som icke är någon vän av vadhållning
> måste avböja många anbud. Tidningsmännen som besökt
> helt olika delar av Saarområdet, jämför sina erfarenheter
> och intryck; och de befinnas vara fullkomligt identiska. De
> många hundra korrespondenterna måste ha innehållit nästan
> precis detsamma; jag fick nyss fatt i Paris Soir, och
> den världsbekante reportern Jules Sanerwein hade där en
> skildring, som var så lik min egen att man skulle kunna
> misstänka oss för plagiat eller samarbete. Alla som jag
> råkat ha varit eniga om den tekniska fulländningen
> och om den fullkomligt bevarade rösthemligheten.[25]

Pressen var inte sen att dra slutsatser från valsedlarnas fördelning på sammanräkningsborden. Det spekulerades om hur höga procenttal som en återförening med Tyskland skulle få. Att det alternativet skulle vinna verkade helt klart, det såg också ut att bli med stor majoritet. För att kunna dra bättre slutsatser fanns det journalister som försökte använda kikare. Men valkommissionens ordförande Rodhe observerade detta och förbjöd användning av dessa kikare.[26] Omröstningen fortskred under eftermiddagen, kvällen och natten till klockan fem på morgonen den 15 januari, då den var färdigställd. Rösträknarna fick inte lämna Wartburgerhall förrän klockan åtta då resultatet skulle offentliggöras. Offentliggörandet hade sitt schema, som var uppgjort med NF och radiomyndigheterna. Mellan klockan 6 och 7 på morgonen ringde valkommissionen in valresultatet till NF:s sekretariat, som omedelbart vidarbefordrade det till varje medlem av NF:s råd. Klockan 08.15 meddelades resultatet på tyska i en radioutsändning från scenen i Wartburgerhall av valkommissionens ordförande landshövding Rodhe. Utsändningen var också simultantolkat utsänd på både engelska och franska av två andra medlemmar från valkommissionen, som satt framför sina mikrofoner i källaren. I enlighet med NF:s fördrag skulle det officiella resultatet först redovisas för varje valdistrikt. I varje valdistrikt var det en majoritet för en återförening med Tyskland, men hela världens intresse var emellertid fokuserat på hur det totala utfallet var. Det officiella resultatet av omröstningen blev:

Röstberättigade	539.541	
Avgivna röster	528.105	(97,87%)
För förening med Tyskland	477.119	(90,36%)
För status quo	46.613	(8,81%)
För förening med Frankrike	2.124	(0,40%)
Blanka röster	1.292	
Ogiltiga röster	905	[27]

I valresultatet sett från de olika valkretsarna hade Kreis Merzig den i Saarområdet lägsta andelen röster för status quo med endast 4,8% och naturligtvis den högsta andelen, 94,9%, för anslutning till Tyskland.

Bland de ogiltiga rösterna var det flera hundra som hade gjort något skrivet tillägg på valsedeln, oftast med något avståndstagande till Hitler, *Für Deutschland – gegen Hitler*. På en annan valsedel hade en framsynt väljare skrivet:

Vereinigte Staaten Europas Europas förenade stater
eine Sprache ett språk
ein Geld [28] en valuta

Tidningarnas rubriker hade ett blandat utseende, naturligtvis beroende på vilken politisk tillhörighet som tidningarna hade. På förstasidan i Dagens Nyheter var rubrikens nyanserade kritik ändå ett ställningstagande gentemot nazismen:

Hakkorset har erövrat Saar.
Dagen efter blev en karneval.[29]

202

Det överväldigande resultatet för en återförening med Tyskland kunde inte komma lämpligare för det tyska nazistpartiet, som inte var sena att utnyttja det i sin propaganda. En tydligt nationalistisk kommentar till resultatet var Hitlers om att blodets röst hade talat.

Die Stimme des Blutes hat gesprochen.[30]

En mer glädjefylld rubrik baserad på en uppskattning efter att en tredjedel av rösterna var räknade fanns på Svenska Dagbladets förstasida. Korrespondenten Fredrik Böök var känd för sina sympatier för det nya Tyskland, vilket återspeglas i rubriken:

Glänsande tysk seger! Omkring 90 proc. för anslutning.[31]

Stockholms-Tidningen hade även den nyheten på förstasidan, men är mer återhållsam och politiskt spekulerande:

Saar blir tyskt redan i mars?
Storpolitisk aktivitet: tysk-fransk konferens i Italien och
engelsk-fransk i London vid månadsskiftet. Klang och jubel
i riket och i Saar. [32]

I ingressen beskrivs hur den överväldigande majoriteten för Tyskland vid Saar-omröstningen har mottagits både i Tyskland och i Saar med ett jubel utan ände och av världen i övrigt med lättnad.

Tidningen Arbetet hade också samma måttfulla rubrik. Arbetet hade sina sympatier hos Enhetsfronten och hade i sina reportage flera intervjuer med Enhetsfrontens ledare Max Braun och tar

därför i rubrikerna också upp de konsekvenser som valresultatet
medförde:

> Tyskland fick 90,5 procent av rösterna i Saar-
> området. Måttlöst jubel över hela Tyskland.
> Terrordåden redan igång mot status quo-männen.
> Flykten har börjat.[33]

Segerfirande med flaggor och vimplar.

Jubel är väl inte en tillräckligt stark beskrivning för den karnevalsyra som utbröt efter det att valresultatet officiellt meddelats.

Det lugn och den tystnad som rådde på omröstningsdagen bröts helt när stora och glada människoskaror drog genom städerna sjungande "Deutschland, Deutschland über alles" och "Saarlied". Städerna var rikt dekorerade med ett vimmel av hakkorsflaggor och svartvitröda vimplar. Det var en allmän fridag för alla anställda, fabriker och affärer var stängda. Kyrkklockorna ringde och det var en riktig feststämning.

Även kretsledare Peter Schaub är nöjd med utgången av valkampen, som nu är över. Han uttrycker det så att det som var tyskt, har blivit tyskt och kommer att förbli tyskt i evigheter. Han tackar för det hjärtliga umgänget med den svenska truppen, som han ser som något naturligt "Germaner emellan". Som information kring sympatierna meddelar han att Tysklands sympatier för den svenska nationen har den tyske Führern nu uttryckt i ett telegram till den store svensken Sven Hedin.[34]

Referenser

[1] Brind, J.E.S., *Saarforce Order No. 3.*, KrA, *Ivar af Silléns arkiv.*

[2] Nordenswan, Arthur, *Rapport nr. 3 till Konungen*, den 12/1 1935, KrA, Kungl. Svea Livgardes arkiv.

[3] Regeringskommissionens förordning nr 11, *Appendix I*, i Wambaugh, Sarah, 1940.

[4] Saarforce Headquarter, *Saarforce Intelligence Summary No.3*, odaterad, KrA, *Kungl. Svea Livgardes arkiv.*

[5] DN den 12/1 1935, utsände korrespondenten H-ling.

[6] SDS den 13/1 1935, utsände korrespondenten Bkn.

[7] Holtwiss, J.P., 1952.

[8] StT den 13/1 1935, utsände korrespondenten A. Vinding.

[9] Regeringskommissionens polisförordning nr. 12, *Appendix I*, i Wambaugh, Sarah, 1940.

[10] Hang, Ludwig, 1985.

[11] DN den 13/1 1935, utsände korrespondenten H-ling.

[12] StT den 12/1 1935, utsände korrespondenten A. Vinding.

[13] Reuterswärd, Wilhelm, *Upplevelser med svenska bataljonen i Saar*, KrA, *W. Reterswärds arkiv.*

[14] SvD den 14/1 1935, utsände korrespondenten Fredrik Böök.

[15] Bataljonsorder nr. 5 den 8/1 1935, KrA, *Kungl. Svea Livgardes Arkiv.*

[16] Reuterswärd, Wilhelm, *Upplevelser med svenska bataljonen i Saar*, KrA, *W. Reterswärds arkiv.*

[17] SDS den 19/1 1935, *En svensks intryck från Saarområdet*, signaturen W.A.

[18] Ibid.

[19] Ibid.

[20] Nordenswan, Arthur, *Rapport nr. 4 till Konungen*, den 19/1 1935, KrA, Kungl. Svea Livgardes arkiv.

[21] Brind, J.E.S., *Congratulatory 14/1 1935*, KrA, *Harald Svenssons arkiv.*

[22] SDS den 15/1 1935, utsände korrespondenten Bkn.

[23] Pollock, James K., 1935.

[24] Reuterswärd, Wilhelm, *Upplevelser med svenska bataljonen i Saar,* KrA, *W. Reterswärds arkiv.*

[25] SvD den 16/1 1935, utsände korrespondenten Fredrik Böök.

[26] DN den 16/1 1935, utsände korrespondenten H-ling.

[27] Wambaugh, Sarah, 1940.

[28] Ibid.

[29] DN den 16/1 1935, utsände korrespondenten H-ling.

[30] Citat i Historisches Museum Saar, Saarbrücken.

[31] SvD den 15/1 1935, utsände korrespondenten Fredrik Böök.

[32] StT den 16/1 1935, utsände korrespondenten A. Vinding.

[33] A den 15/1 och 16/1 1935, utsände korrespondenten A. Backlund.

[34] Schaub, Peter, brev till kapten Sillén den 25/2 1935, KrA, *Ivar af Silléns arkiv.*

Vykort/postkort till minne av Saars återförening med Tyskland.

Tiden efter omröstningen och resan hem

När valresultatet på tisdagen väl var offentligt tillkännagett reste valkommissionen till Genève. Med sig hade de sextio lådor med valsedlar, som skulle brännas i närvaro av NF:s medlemmar. På resan till den franska gränsen eskorterades valkommissionen av en engelsk truppstyrka beväpnad med kulsprutor. Väl vid gränsen blev den engelska styrkan avlöst av franska gendarmer, som vid den schweiziska gränsen i sin tur avlöstes av en schweizisk truppstyrka. Efter övernattning i Basel kom valkommissionen till Genève och avlade där sin rapport till NF:s Råd. Det tremannautskott under ledning av baron Aloisi som haft NF:s uppdrag att dra upp riktlinjerna för folkomröstningen och för dess genomförande avlade sin rapport till NF den 17 januari. NF:s Råd accepterade rapporten och beslutade att Saarområdet skulle återgå till Tyskland den 1 mars. Tremannautskottet skulle senast den 15 februari reda ut alla problem mellan Tyskland och Frankrike i samband med återgåendet, annars skulle Rådet inkallas.[1] De lyckades med detta och Saarområdet återförenades med Tyskland den 1 mars 1935. Fram till dess stannade Saarforce kvar för att förhindra de oroligheter som eventuellt skulle kunna uppstå mellan segrarna och förlorarna i valet. Det förutspåddes oroliga dagar efter valet. Frankrike införde en skärpt gränskontroll och allmänt uppskattades att cirka 30.000 pass hade lämnats in för visering på det franska konsulatet. Man kunde därför allvarligt förvänta sig att en relativt stor del av befolkningen tog mod till sig för att på grund av sin politiska ställning gå till en oviss framtid i ett främmande land. Vid tullstationerna kunde flyktingarna vid en prövning antingen skickas tillbaka eller skickas till franska läger under några dagar för närmare kontroll och undersökning. När NF sade sig inte kunna vara med och dela kostnaderna för flyktingarna till Frankrike blev inresorna redan i januari 1935 ytterligare begränsade. Undantagna var de som hade ekonomiska medel eller som hade släktingar som kunde ta hand om dem. Även de som på olika sätt varit anställda av de franska myndigheterna var undantagna. Det var ungefär 12 000 personer som hade lämnat Saar. Väl i Frankrike var det bara ett fåtal som fritt fick välja bostadsort. Gruvarbetare kom först till Metz för att vidarebefordras till Bretagne. De medellösa blev transporterade till sydfrankrike där de hamnade i läger.[2] Pressen ger en något blandad bild av oron och terrorn. Det beskrivs att det pågår terrordåd mot status quo-anhängare, vilka försöker komma undan genom att fly till Frankrike. Bland dessa beskrivningar fanns en kuslig och dramatisk underrubrik:

Goebbels: Knox må gräva en massgrav åt emigranterna.[3]

Trots rubrikens dramatik och övriga artiklars budskap förekom det endast mindre incidenter. Men de nationalsocialistiska banden till Tyska Fronten kom till ytan efter valsegern, det var dags för rensningar. Den som först blev avpolletterad var Jakob Pirro, som under valkampanjen utåt sett varit ledare för Tyska Fronten. Till nazistpartiets distriktsledare för Saar utsågs Bürckel, som varit Hitlers specielle handhavare av saarfrågan. Enhetsfrontens och de socialistiska organisationernas lokaler blev tillbommade och var i stort sett tomma. Det var bara nere i Volkstimmes tryckeri som pressarna fortfarande var igång, men tidningarna kunde inte spridas någonstans i Saarområdet annat än i enstaka exemplar. Det hade tills vidare lägrats ett lugn och en ro över Saarområdet:

> Nu har ju också segern vunnits och Saar får ro
> till dess Hitler kommer flygande. Då träder provinsen
> åter ett ögonblick fram ur dimman i ljuset av riksledarens
> sol. Det blir i maj, då alla knoppar slå ut.[4]

Mindre än en vecka efter omröstningen har Status quo-pressen helt försvunnit från Saar. Det sista Status quo-organet, Saarlouiser Journal inställde den 20 januari utgivningen och meddelade sina läsare att den inte utkommer mer. I hela Saarområdet fanns nu inga andra tidningar än de som företrädde Tyska Fronten.[5] Den svenska pressen kom i den här perioden, mellan den 16 och 20 januari, att helt ändra sin bevakning av förhållandena i Saar genom att de utsända korrespondenterna skickades hem. Den tidigare så nära rapporteringen om de svenska soldaternas förhållanden och förtjänster försvann. Den överväldigande röstövervikten kom att lamslå allt motstånd. Det fanns inga anledningar till några slags störningar och med det försvann de nervösa stämningarna bland befolkningen. Livet i Saar återgick till det normala, men den internationella styrkan blev kvar bland annat för att Regeringskommissionen ur prestigesynpunkt behövde ett militärt stöd för att förhindra eventuella förföljelser. Den militära verksamheten i form av patrulleringar upphörde för att undvika irritation och för att missförstånd inte skulle uppstå[6] I sin rapport till konungen har bataljonschef Nordenswan samma uppfattning:

Sedan den före folkomröstningen rådande nervösa stämningen bland befolkningen nu efter omröstningen lagt sig, råder nu överallt fullständigt lugn, och inga anledningar synes förefinnas att detta lugn skulle störas. [7]

I alla sina rapporter till konungen redogör Nordenswan om truppens hälsotillstånd och uppförande. I början av januari förekom några få fall av en lindrig influensa, medan ett fall av lunginflammation med vård på sjukhus inträffade omkring den 10 januari och var definitivt på bättringsvägen i rapporten den 19 januari. Även cm väderleksförhållandena inte var så goda var hälsotillståndet gott vid de efterföljande rapporterna. Under perioden efter folkomröstningen spelades det flera fotbollsmatcher mellan de olika kontingenterna, men också mot lokala, tyska lag. Det visade sig vara en farlig verksamhet, enligt protokoll avseende skador uppstod de flesta skadorna under just fotbollsmatcher. Inför hemresan försämrades hälsotillståndet drastiskt eftersom det i Saarområdet gick en utbredd influensa, som även den svenska truppen drabbades av. Dessutom hade nya fall av lunginflammation inträffat. Med det uppkomna sjukdomsläget var bedömningen att det behövdes särskilda åtgärder för truppens hemresa:

> Med hänsyn till att läget vid tidpunkten för bataljonens
> hemresa sannolikt är det, att flera sängliggande sjuka finnas
> är det önskvärt att en från Merzig till Stockholm genomgående sjukvagn insättes i trupptåget. Då antalet sjuka icke
> nu kan överblickas, men väl kan tänkas uppgå till ett tiotal,
> får jag i underdånighet föreslå, att en sjukhustågvagn tages i
> anspråk för detta ändamål.[8]

Truppens uppförande har i hela rapportserien beskrivits som *mycket gott* eller *fortfarande mycket gott* till att i en rapport ha varit *mönstergillt*. Som i allt annat finns det undantag som bekräftar regeln. Från *Anteckningsbok för tillrättavisningar* finns antecknat 11 stycken tillrättavisningar. En försening med 5 minuter eller onykterhet medförde anteckning i boken och cirka en veckas utegångsförbud. Ett grövre fall med undanhållande och fylleri inträffade strax innan hemresan. Det var B som inte återkom från sin permission på kvällen den 15 februari. Man beslöt att avvakta natten, men om han inte hade återkommit till klockan 12 dagen därpå skulle en patrull skickas ut för att söka efter honom. Innan patrullen hann ge sig i väg ringde B och meddelade att han kommer med nästa tåg, vilket han inte gjorde. Han kom tillbaka först efter klockan 20 och då fortfarande onykter. Under sin permission hade B festat på tre olika värdshus i Dillingen, i det tredje drack han öl tillsammans med tyskar och minns därefter ingenting och vaknar upp dagen efter på ett hotell i Saarlouis. Vid återkomsten till förläggningen den 16 februari var han fortfarande onykter. B hade tidigare straffats med utegångsförbud för onykterhet.[9]

Ett annat uppträdande av en helt motsatt karaktär var det ingripande som soldaten Lantz gjorde när han kastade sig i issörjan och räddade en 3-åring från att drunkna i den översvämmade floden Saar. Ett ingripande som i de tyska tidningarna fick stora rubriker och som också fick ett officiellt erkännande. Vid en ceremoni överlämnade borgmästaren i Merzig dels en tacksamhetsskrivelse och dels en prydlig silverklocka med inskription.

Herr och fru Willhelm Hein, Merzig, riktar ett tack
till livgarcisten nr 134 Lantzför det han genom rådigt
uppträdande söndagen de 3/2 räddade livet på deras 3-årige
son som råkat falla i den översvämmade Saar-floden
Jag skänker även Lantz mitt största erkännande för en
rask och god gärning.
Kompanichef
Sillén[10]

Mycket av den återstående tiden i Saarområdet ägnades åt idrott och utfärder med studiebesök. Inom den idrottsliga avdelningen ordnades tävlingar i brottning, gång, löpning och simning mot tyska lag där svenskarna tävlade med viss framgång. Fotbollsmatcher spelades mot såväl tyska lag från både Merzig och Saarbrücken som mot lag från de engelska East Lancashire och Essex regementena. Ingen var förvånad över att de engelska lagen segrade i de flesta matcherna eftersom de engelska trupperna hade ett större urval av spelare att tillgå. Det fanns också ett stort intresse från tyska lag att möta det svenska. I ett brev från Polizei-Sport-Verein i Saarbrücken vill man gärna arrangera en match trots att det är strax innan den svenska truppens hemresa. De föreslår att lagen ska träffas och umgås på Restaurant Langgut klockan 2 för att sedan börja matchen klockan 3. För att kunna underrätta spelare, press och publik är det deras stora förhoppning att kunna få ett snart och positivt besked. På brevet har kapten af Sillén antecknat att *Vi komma*.[11]

Som en följd av det goda förhållande som den svenska truppen etablerat fick den flera inbjudande om att bese olika storartade industrianläggningar. Völklingsverkens tunga järnindustri och

Villeroy & Bochs keramiska fabriker i Mettlach studerades. I samband med besöken bjöd företagen alla de besökande på lunch. Studiebesök av en helt annan karaktär var när franska officerare demonstrerade slagfälten vid Verdun och Gravelotte Mars la Tour för officerarna och underofficerarna i Saarforce.

En svensk åtgärd som ytterligare förstärkte de goda relationerna med befolkningen var den välgörenhetsfest som den svenska truppen arrangerade i Merzig den 2 februari. En fest till förmån för Winterhilfe, som var en hjälp åt de fattiga. Denna Winterhilfe hade sedan tidigare genom plakat och affischer på de flesta torg och andra allmänna platser uppmanat att bidra till denna hjälp med orden att:

> Ingen får frysa, ingen får hungra, den som har
> något att undvara måste ge.[12]

Välgörenhetsfesten hölls i den stora lokalen på Hotel Friersche Hof, med ett program så som det annonserades:

> Festfolge 2/2 1935 8 Uhr (Program)
> - Musikvorträge (Musikframförande)
> - Rede des kompagniechefs Hauptman Ivar af Sillén
>   (Tal av kapten Ivar af Sillén)
> - Rede des Kreisleiters der Peter Schaub
>   (Tal av kretsledare Peter Schaub)
> - Tonfilm Abschiedsprache des Königs von Schweden,
>   (Ljudfilm med kungens avskedstal)
> - Schwedische Volkslieder (Svenska folksånger)

- Film Schwedische Landschaft (Film svenska landskap)
- Gesangdarbietungen (Sångframförande)
- Konsertstücke Lyrakapelle Merzig
  (Konsertstycke av Merziger Lyrakapell)[13]

Merziger Volkzeitung beskriver i ett omfattande reportage dels kvällens händelser och dels den svenska styrkans stora popularitet i området. Ett mått på populariteten var att det till detta evenemang kom så många människor att den stora festlokalen blev full och många köade långt ut på gatan i hopp om att få en plats. Befolkningen i kreis Merzig markerade genom sitt stora deltagande sitt tack och sin uppskattning av den svenska truppen för dess ordentliga och korrekta förhållande under omröstningstiden. Salen var smyckad med svenska och tyska flaggor, på ena sidan av scenen hängde ett porträtt av den svenske kungen och på den andra sidan hängde ett porträtt av Hitler. Kapten af Sillén inledde sitt tal med att tacka för att så många kommit och att truppen haft förmånen att få se så många sevärdheter och att få vara i den vackra staden Merzig och dess omgivningar, vilka gett starka intryck. Därefter kom han över till befolkningen:

> Störst intryck på oss har ändå gjorts av befolkningens unika vänlighet och den storartade gästvänligheten. Om några veckor lämnar vi denna vänliga stad. Men innan vår avfärd vill vi gärna försäkra er om att detta uppehåll har lämnat oss ettstorslaget intryck och kommer att bli våra angenämaste minnen. Vi tackar er av hela vårt hjärta och önskar er och er stad lycka och välgång.[14]

216

De entusiastiska applåderna var ett otvivelaktigt bevis på det goda intryck som talet hade lämnat. Efter ett musikstycke var det kretsledare Schaub som intog talarstolen. Till kapten af Sillén överräckte han en tavla av Merzig. Befolkningen hade skänkt tavlan och för att inte glömma befolkningens uppskattning av truppens

Kapten af Sillén tar emot den skänkta kartan.   Tidningsfoto.

korrekta och anständiga uppträdande tyckte Schaub att den skulle hänga i kasernen hemma i Sverige. I sitt tal återkom han med uppskattande ord om den svenska truppens korrekta och neutrala uppträdande. Han hade läst konungens tal till truppen inför utresan, han citerade det och fortsatte:

217

Jag vågar säga er mina herrar, officerare, underofficerare
och soldater att er kungkan känna sig stolt över er,
eftersom ni har visat er värdiga er kung och er nation.
Ni kommer om några veckor att åka till era hem med den
vissheten att det tyska Saarområdet kommer att hålla er i
angenämt minne. Med oss, mina herrar från
Sverige, är ni alltid djupt förbundna.[15]

Efter talet bad han befolkningen i krets Merzig att resa sig upp och
att tillsammans med honom för alla officerare, underofficerare och
soldater utbringa ett trefaldigt Sieg Heil. Den stora tillslutningen av
människor resulterade i att ett stort bidrag kunde lämnas till
Winterhilfe. Summan uppgick till 4.800 Frs. som kort efter
överlämnades till krets Merzig. Lika snabbt kom ett tackbrev från
kretsledaren Schaub. Han uppskattade det mycket och förklarade
att det skulle kunna förbättra de stackars barnens situation. De
skulle med denna donation alltid komma ihåg den svenska truppens
uppehåll i Saarområdet. Brevet avslutas med:

Ni skall vara försäkrade om, att de svenska soldaterna i
såväl Kreis Merzig somi hela Saarområdet kommer att
vara vänligt ihågkomna.

mit deutschem Gruss

Heil Hitler!

16

218

Tiden för avfärd närmade sig allt mer. Det förekom en del spekulationer om när hemresan skulle ske. En del tyckte att läget var så pass lugnt att hemresan skulle kunna ske när som helst. Andra däremot trodde att styrkan för säkerhets skull kanske skulle stanna kvar ända fram till mars månad. Efter samråd med Regeringskommissionen beslutades att trupperna skulle lämna Saar med början den 16 februari då den holländska kontingenten reste. Dagen efter var det dags för en del av den italienska kontingenten. Den svenska bataljonen avreste den 18 februari och följdes sedan av de resterande. Den sista delen av Saarforce lämnade Saar den 28 februari. En bagatell som i samband med hemresan skulle kunnat ha blivit en stor fråga var bataljonschef Nordenswans vädjan i ett brev till af Klercker om att den engelske förbindelseofficeren major Read skulle få åka med tåget till Sverige. Han hade varit stationerad i den svenska staben och där gjort bataljonen stora tjänster, han var dessutom gift med en svenska. Nu ville han åka med för att få möjlighet att åka skidor i fjällen. Den pragmatiske af Klercker svarade att det var genomförbart, särskilt som den svenske sambandsofficeren von Rosen skulle åka via England med den brittiska kontingenten, varför plats fanns. Men en överenskommelse med den brittiske överbefälhavaren såg han som lämpligt om det här passagerarbytet. Vis av skadan med hur pressen kunde vinkla saker och ting fortsatte han sitt brev som var stämplat "Förtroligt":

> Att ordna saken under hand vore väl tänkbart, men skulle
> det bli bekant, kan saken utläggas felaktigt och riva upp
> onödigt gruff m.m. Ehuru saken sker fullt öppet anser jag likväl
> att den icke bör komma till vidare kretsar än som är oundgängligt.
> Tidningarna stuva om allt möjligt alldeles som det passa dem.[17]

Den 15 februari kom general Brind till Merzig för att avtacka den svenska truppen. I sitt avskedstal framförde han det som en stor förmån att ha varit befälhavare för den första styrkan av sitt slag under NF. Han var också stolt över att styrkan uppfyllt sina åtagande med att upprätthålla fred och ordning, han hoppades också att svenskarna kände det som en förmån att ha representerat Sverige i denna Saarforce. Sedan gick han över till en mer personlig reflektion där han tackade officerare, underofficerare och soldater för all hjälp de gett honom och staben under den här tiden.

> Hjälpen som ni visat är först genom er goda disciplin och ert goda uppträdande och genom er lydnad och det genomförande som ni genomfört mina order, och för det andra er medverkan till att ha skapat vänliga relationer med befolkningeni Saar, så att vår närvaro har belastat dem så lite som möjligt.[18]

Han önskade alla en skön resa och lycklig hemkomst, lycka till och en lycklig och framgångsrik framtid. General Brind skulle alltid mycket varmt komma ihåg den svenska Saarbataljonen. Sedan avslutade han på ren svenska:

> Tack och farväl – Kamrater.[19]

Tre dagar senare, den 18 februari var det dags att ta avsked av Saar och påbörja färden hem till Sverige efter nästan två månader på främmande mark. Det var inget lätt avsked att ta, många hade hunnit skaffa sig goda vänner. Axel Holmqvist berättar att de flesta av invånarna i Beckingen hade samlats vid järnvägsstationen för att ta farväl av den svenska truppen där.

En blå skymning sveper över dalen med något av en
våraning i den milda luften. Folket sjunger och ler, skrattar
och viftar, hjärtknipandeoverkligt. Nikolaus, min vän från
Rehlingen och hans syster trycker min hand. Hubert
Minninger och hans moder står vid min sida. Glöm oss inte
säger de. Tåget rycker till, framåt, bort, hemåt. Den vemodiga
sången om Saar tonar bort från Beckingens järnvägsstation.[20]

Innan tåget kom till Beckingen hade det avgått från Metlach och
Merzig, där huvudstyrkan varit förlagd. Även avresan från Merzig
var gripande. Truppen gjorde en sista uppställning vid kanalen där
det var överfyllt med åskådare. Marschen till järnvägsstationen
gjordes i sällskap av så gott som hela stadens befolkning, som stod
vid perrongerna och utmed spåren. Runt stationen hördes
omväxlande svenska hurrarop och tyska heilrop. När sedan tåget
rullade iväg sjöngs de respektive nationalsångerna. Innan tåget
skulle lämna Saarområdet gjordes ett uppehåll i Saarbrücken. Här
stod ett engelskt hederskompani och deras stora musikkår
uppställda på perrongen. Det var imponerande och stämningsfullt
med musikkårens röda rockar och de vita snörmakerierna. När
general Brind tagit ett sista farväl av bataljonen började tåget åter att
rulla under det att musikkåren spelade den svenska kungssången.
Vistelsen i Saar var definitivt slut.[21]

Med den engelska musikkårens spelande i färskt minne fortsatte
hemresan med musikkårer som ett genomgående tema. Resplanen
var att så direkt som möjligt komma till Sassnitz även om det från
flera orter kommit inbjudningar om att hylla bataljonen, se den som
sin gäst och bjuda på måltider. Naturligtvis gjordes uppehåll för
måltider. Det första uppehållet gjordes i Kaiserslauten där en trupp

ur S.A. paraderade med fana och musikkår. Ett uppehåll för frukost gjordes på morgonen den 19 februari i den mindre staden Ludwigslust. Hela officerskåren vid ortens ryttarregemente mötte upp på stationen där också dess musikkår spelade. Vid ankomsten till Sassnitz mötte svenske konsuln och representanter från tyska röda korset. Musik spelades även här, men denna gång av en mer civil musikkår bestående av järnvägstjänstemän. Bataljonen embarkerade den tyska färjan "Deutschland" för överfarten till Trelleborg. Dit anlände man vid sjutiden på kvällen. Mottagandet blev lika storslaget som när truppen avseglade. När färjan löpte in i Trelleborgs hamn spelades "Sverige" av musikkåren från I 7. Bataljonen hälsades välkommen hem av överste Winberg från I7, borgmästare Wirgin och kyrkoherde Ljungdahl. Hela bataljonen åt supé på Stadshotellet för att därefter ta plats på tåget för den sista etappen till Stockholm. Tidigt på morgonen den 20 februari anlände tåget till Stockholms Central och möttes till tonerna av "Svea livgardes marsch". Trots att det var tidigt på morgonen hade ändå mycket folk samlats vid stationen och utmed gatorna när truppen marscherade, med musikkåren i täten, genom staden till kasernen. Väl där ställdes truppen upp och avlämnades till kronprinsen, som i ett fint tal avtackade bataljonen.

Det betydligt mer triviala som följde var avrustningen. I den ingick även persedelvård. I ett PM för detta anges att bästa munderingen skall vara tvättad med bensin kring bl.a. insida krage. Även mössans svettrem skall vara avtvättad med bensin.

Avrustningen avslutades den 23 februari då också utryckning skedde. En bataljon på cirka 250 personer hade under ovanligt knappa tidsförhållanden satts samman för att under två månader tjänstgöra i en internationell fredsstyrka i det labila Saarområdet. Efter väl förrättat värv var styrkan åter i Sverige med avrustning och utryckning. Alla de ingående personerna skingrades – men minnet lever kvar.

Referenser

1 Pollock, James, 1935.

2 Lempert, Peter, 1985.

3 A den 16/1 1935, utsände korrespondenten A. Backlund.

4 StT den 16/1 1935, utsände korrespondenten A. Vinding.

5 DN den 20/1 1935, privat till DN.

6 Reuterswärd, Wilhelm, 1976.

7 Nordenswan, Arthur, *Rapport nr. 4 till Konungen*, den 19/1 1935, KrA, *Kungl. Svea Livgardes arkiv*.

8 Nordenswan, Arthur, *Rapport nr. 7 till Konungen*, den 6/2 1935, KrA, *Kungl. Svea Livgardes arkiv*.

9 Protokoll avs. undanhållande och fylleri, KrA, *Kungl. Svea Livgardes arkiv*.

10 Från 11. Komp. (Rådigt ingripande.), KrA, *Kungl. Svea Livgardes arkiv*.

11 Brev från Polizei-Sport-Verein i Saarbrücken, KrA, *Kungl. Svea Livgardes arkiv*.

12 SvD den 11/1 1935, utsände korrespondenten Fredrik Böök

13 Annons för välgörenhetsfest, KrA, *Ivar af Silléns arkiv*.

14 Merziger Volkzeitung den 5/2 1935, KrA, *Harald Svenssons arkiv*.

15 Ibid.

16 Tackbrev från kreisleiter Schaub den 9/2 1935, KrA, *Ivar af Silléns arkiv*.

17 af Klercker, Ernst, svarsbrev till Nordenswan den 2/2 1935, KrA, *Lantförsvarets kommandoexpedition*.

18 Avskrift av general Brinds avskedstal, KrA, *Kungl. Svea Livgardes arkiv*.

19 Ibid.

[20] Holmqvist, Axel, *Saaromröstningen sedd ur en kg-ersättares synvinkel, Saarbataljonens jubileum 1975, KrA, W. Reuterswärds arkiv.*

[21] Berg, Ernst & Edsman, Carl-Martin, *Minnen från Saar,* juli och december 1935, KrA, *W. Reuterswärds arkiv.*

> *On the disbandment of the International Force in the Saar*
> *I have the honour to submit for the information of the Council*
> *of the League of Nations the following report in which I have*
> *attempted as the result of experience to make such comments*
> *as may be of assistance on a future occasion.*

Inledningen av general Brinds rapport till NF:s Råd den 26/10 1935.

Lärdomar och bedömningar kring Saarforce och Saarbataljonen

Sarah Wambaugh, teknisk rådgivare och medlem i valkommissionen, anser att den atmosfär som en folkomröstning ska hållas i är betydligt viktigare än alla de tekniska arrangemangen, och utgör ett svårare problem. För första gången i någon folkomröstning genomfördes den här i Saar under strikt neutrala former, valkommissionen var sammansatt av medlemmar som kom från odiskutabelt neutrala stater. Det var också första gången som det var en absolut sekretess vid röstningen vilket berodde på det nya med att ordförandena i vallokalerna var neutrala. Även de personer som deltog i rösträkningen var neutrala. Saarforce, som bidrog till den gynnsamma atmosfären vid omröstningen, bestod också den av trupper från neutrala stater. Just historien om Saarforce ser hon som ett lysande exempel på hur en styrka på kort tid kan sättas samman och träda i funktion. Under tiden i Saar lyckades styrkan genom sitt genomförande, sin goda disciplin samt sin visade takt och ton undvika den minsta incident som skulle kunna störa det goda förhållandet mellan truppen och befolkningen. Det var särskilt tack vare den moraliska effekt truppens närvaro skapade som Regeringskommissionen lyckades upprätthålla lag och ordning under en särskilt svår period. Folkomröstningen efter femton år var en succé för NF under en verkligt svår period i världshistorien. Genom att genomföra en folkomröstning på ett så opartiskt och metodiskt sätt kom saarproblemet att lösas, i annat fall hade kontinenten riskerat att kastas in i ett nytt krig. Wambaugh menar att om det vid en framtida folkomröstning på förhand visar sig att en internationell fredsstyrka är nödvändig bör den anlända samtidigt med valkommissionen. Att så tidigt som möjligt etablera god förhållanden och förtroenden är viktigt, och svårare ju kortare tid man har till förfogande. Hon avslutar sina erfarenheter med rådet att det vid folkomröstningar som har att göra med suveränitet och där valresultatet på ett säkert sätt ska kunna visa befolkningens vilja måste de hållas under högsta internationella beskydd.[1] Saarexperimentet var viktigt på så vis att det var det enda tillfälle som NF verkligen satte upp en internationell styrka. Orsaken till succén berodde på att styrkan representerade en internationell och verkligt neutral styrka, som därigenom hade möjlighet att stå utanför de politiska frågorna kring folkomröstningen och därför kunde skapa respekt och förtroende hos befolkningen. En slutsats som kan dras är att neutrala, internationella styrkor fyller klara fördelar gentemot styrkor som exempelvis allierade styrkor, vilka oftast betraktas som partiska.[2] Framgången för Saarforce och den svenska saarbataljonen beror på det goda förhållande som byggdes upp till befolkningen och som är i överensstämmelse med Ann Wilkens (Sveriges tidigare ambassadör i Afghanistan) teori:

> Demokratier kan inte skicka trupp till främmande länder utan att ha folket med sig. Och trupperna behövs . . . om de gör rätt saker.[3]

Det Wilkens efterlyser var redan på sin tid en ledstjärna för ledningen av Saarforce. I ordergivningen fanns en uttalad vilja att sätta så lite press som möjligt på befolkningen och att med dem få bästa tänkbara relationer. Det första steget till bra relationer var den så kallade *engelska modellen* med enbart ett uppvisande av styrkorna i förebyggande syfte och låta polisen som första instans ta hand om eventuella incidenter. Samtidigt skulle det finnas en stor rörlig reserv. Den andra metoden, den *kontinentala metoden,* var visuellt demonstrativ och betydligt hotfullare. Den påminde om ockupationstiden och hade säkerligen fått befolkningen att reagera och kanske till och med göra uppror. Redan att det skulle komma en militär styrka till Saar sågs av befolkningen med ogillande, det talades om en ny ockupationsarmé. Den diskreta men väl synliga och inte hotfulla framtoningen av styrkan kom att ändra befolkningens attityd. General Brind gör också den bedömningen i sin slutrapport till NF där han framhåller att de vänliga men korrekta relationer som trupperna etablerade under denna period bidrog mycket starkt till att oroligheter uteblev vid folkomröstningen. Befolkningens attityd till trupperna ändrades markant efter folkomröstningen för att bli mer öppet vänskaplig, vilket berodde på att truppernas utmärkta uppträdande och goda disciplin hade förhindrat bråk.[4]

De goda relationerna förutsatte dock att det gick att kommunicera med varandra. Inom Saarforce var det överlag inte så många som kunde tyska och hade därmed genast kontaktsvårigheter. Den svenska truppen hade ett klart bättre utgångsläge jämfört med de andra kontingenterna. Redan vid uttagningen av Saarbataljonen hade det fästs särskild vikt vid kunskaper i tyska. Detta tack vare de råd som kom från de i Saar stationerade, som bland andra Rodhe. Det fanns alltså redan vid ankomsten ett stort antal som var tysktalande. Vid sammansättningen av trupp för patrulltjänst fanns det två eller tre person som var tysktalande. I verksamheternas schema fanns dessutom inlagt en mycket uppskattad tyskundervisning. De svenska soldaterna kunde därför på kort tid etablera vänskapliga kontakter, som därigenom naturligtvis bidrog till fredliga förhållanden. En annan positiv faktor till att den svenska truppen redan vid ankomsten blev uppskattad var att den kom utan de hotfulla regalierna stålhjälm och bajonett, vilket förekom hos andra kontingenter. Befolkningen kunde under fredliga och gemytliga former umgås med de svenska soldaterna såväl i tjänst som under permissioner. Samtidigt var befolkningen genom de ideliga patrullerna införstådda med att truppen vid behov snabbt kunde ingripa. Den positiva utvecklingen kan inte enbart tillskrivas den militära truppen, befolkningens disciplin och välvilja var starkt bidragande orsaker. Ändå anses det som att truppens agerande och språkkunskaper var det som fick befolkningen att ändra inställning från ockupationsarmé till en korrekt och neutral fredsbevarande styrka. I en intervju efter hemkomsten uttalar sig överste Nordenswan för Arbetet om den svenska truppens unika förhållande och om språkkunskapernas betydelse:

> . . .Dels och inte minst berodde det på att så gott som alla pojkarna visade sig kunna tala utländska, somliga både två och tre främmande språk. Och det betyder att man på ett mycket intimare och förtroendefullare sätt kan komma i kontakt med sin omgivning än om man går där utan möjlighet att göra sig förstådd.[5]

Trots flera högtravande tal i nationalistisk och patriotisk anda finns det ändå andra uttalanden och tecken som gör att den svenska truppens insatser, kompetens och uppträdande i jämförelse kan ses som unikt framträdande. Den italienska truppen framstår som en

230

kontrast. Redan vid ankomsten hade deras inmarsch en hotfull karaktär med blänkande hjälmar och bajonetter. Deras språkkunskaper ansågs som fullständigt obefintliga där ingen kunde tyska. Till befolkningens ogillande bar alla italienska officerare pistol, även de som var på permission. Även permissions-bestämmelserna var säregna, ingen permission beviljades efter klockan 19 eftersom man befarade bråk med civilbefolkningen.[6] Rykten gick att befolkningen i de italienska områdena ville att svenskarna skulle ta över. Pressen var inte sen att utnyttja dessa rykten, vilka var en del i de nationalistiska, nästan högnationalistiska uttalanden som pressen publicerade. Överorden om den svenska truppens unika popularitet och svenskheten överhuvudtaget förekom ofta i olika redogörelser, men kan exemplifieras i några få:

> . . . Man räknar uppenbarligen med att svenskarna
> stå i främsta ledet i frågan om popularitet
> hos ortsbefolkningen . . .[7]

> . . .de där hemma vänta att ni här skola göra
> det svenska namnet all heder.[8]

> . . .knappast några av de främmande militärerna
> ha i så hög grad befolkningens sympati
> som svenskarna. . .[9]

I samma anda var det inte heller vilka som helst som kommit med den svenska Saarbataljonen till Saar, utan det var de som i pressen beskrevs som de *präktiga svenska pojkarna*.

Det internationella pressuppbådet var för sin tid verkligt stort och kulminerade med folkomröstningen. Den svenska pressen hade ett flertal utsända korrespondenter redan vid truppens ankomst till Saarområdet. Mycket av den svenska truppens förhållanden och verksamheter förmedlades av pressen, som med sitt agerande var ett relativt nytt fenomen. Pressbevakningen var omfattande och väldigt "nära" truppen. Det som skedde dramatiserades i olika grad och i nationalistisk anda lyftes de svenska insatserna och stämningarna fram. Redan vid ankomsten och vid redogörelser för förläggningarna fick de svenska läsarna en detaljerad bild av hur området och städerna såg ut, under vilka förhållanden som truppen blev inkvarterad i; där till och med de halmstoppade madrasserna beskrevs. Korrespondenterna blommade fullständigt ut i reportagen av julfirandet. Svenska soldater på uppdrag i främmande land under jul var något nytt, patriotiskt och uppoffrande då de var åtskilda från sina anhöriga. Hemma i Sverige kunde man läsa om den svenska truppens julfirande med tårdrypande, nationalistiska reportage om stämningen när officerare och soldater tillsammans sjöng "Var hälsad sköna morgonstund" eller när den lilla ängeln löste en dikt i Beckingen så:

> . . . kunde faktiskt de stora svenska krigsmännen
> från den ädle konung Gustaf Adolfsland inte undgå
> att klämma en tår ur ögonvrån här och var.[10]

Efter helgerna blev det ofta byte av korrespondenter, i allmänhet till mer politiserande korrespondenter. Förutom de rent politiska kommentarerna förmedlades stämningarna i Saarområdet som från att vara under kontroll till att vara på bristningsgränsen till inbördeskrig och att soldaterna med skarpladdade vapen när som helst skulle komma att använda vapnen. I Sverige fick man onekligen en bild av att de svenska soldaterna var heroiska i en utsatt situation och under en stark press, som när som helst skulle kunna kulminera i ett inferno. Detta befarade inferno fick en drastisk vändning vid valdagen då det blev helt lugnt även om stämningen var spänd. Särskilt spännande var det för de i den svenska truppen som insamlade och transporterade valurnor. Några "nära" reportage om den kritiska perioden gjordes inte, utan fokus kom sedan att ligga på själva rösträkningen. När väl valresultatet var tillkännagett åkte de utsända korrespondenterna hem. Pressens agerande med dramatiska beskrivningar av något som de inblandade betraktade som små incidenter var något nytt för den militära ledningen och kanske för tiden. Överste Nordenswan rapporterade till konungen att skriverierna var överdrivna. I en intervju uttalade han sig om att de sensationella tidningsartiklarna är beklagligt överdrivna och anser att nyhetsmaterialet ska behandlas med stor försiktighet. Även Saarforce´s högkvarter blev överrumplade av pressens framfart. General Brind förklarar pressituationen med att bland de flera hundra journalister som fanns i Saar var naturligtvis ett antal av dessa inte så särskilt seriösa, utan var mindre trovärdiga men desto mer sensationella. De utsända korrespondenterna kunde utan svårighet höra vilken historia de själva önskade, det fanns ingen brist på falska historier om små incidenter. Varje tidning kunde fritt från opålitliga källor välja en historia som passade den tidningens intressen, men som oftast beskrev något, som var långt från sanningen. Som ett råd för framtida internationella styrkor och som en förstärkning av staben för Saarforce anser general Brind att en pålitlig journalist med goda kunskaper i modern journalistik och dess metoder hade som pressofficer varit en värdefull förstärkning och medhjälpare. Denne pressofficer hade kunnat förse journalisterna med adekvat information av den typ de behövde.[11]

Alan C. Beckmans analys av Saarforce skiljer sig från övrigas. Han diskuterar begreppet internationell styrka och kommer fram till att det inte är relevant för Saarforce, som han betraktar som fyra separata styrkor under ett gemensamt kommando. Franska främlingslegionen är enligt honom ett exempel på en internationell styrka, det vill säga där de enskilda personerna kommer från skilda håll i världen. Även om styrkan var ett fint experiment med verkliga önskemål om fred, var den ändå, enligt honom, en snabbt och slumpmässigt planerad insats utan verklig inriktning eller specifika mål. Det var i och för sig en chans att ge NF ett förbättrat anseende, men var ingen förebild för framtida styrkor under NF:s regi. Enligt honom var insatsen i Saar inte alls så lyckad som majoriteten av författare och kommentatorer ville få oss att tro.[12] Sina slutsatser drar han dels från de svar han fått från ett frågeformulär som han 1972 skickade till en del män som deltagit i styrkan och dels hans bedömning av att pressens överdrev sina rapporter. Mot hans slutsatser talar det representativt låga antalet enkätsvar och det faktum att det av alla pressens rapporter fanns en majoritet med sakligt korrekta framställningar. I Beckmans rapport ingår general Brinds rapport till NF som en bilaga och vad där framkommer motsäger hans slutsatser.

Wilhelm Reuterswärd tillhör de som ser att Saarforce har haft en stor betydelse för att förhindra oroligheter i Saar och de konsekvenser de eventuellt skulle kunnat få. Den internationella organisationen har i militära frågor lämnat åt eftervärlden en

234

erfarenhetsfond, som kan vara nyttig för NF. Att Saarbataljonen deltagit innebär att Sverige aktivt verkat för fredens bevarande och inte bara gjort det i tal och skrift.[13] Den internationella styrkan behövde inte ta till vapen under sin tid i Saar. Den hade å ena sidan byggt upp goda relationer med den lokala befolkningen och å den andra sidan hade deras synliga närvaro avskräckt de som hade tänkt gå emot de uppställda reglerna. Saarforce hjälpte till att upprätthålla ordning under omröstningsperioden. Det behöver emellertid noteras att Saarområdet redan var styrt av NF, varför det inte uppstod några svårigheter av formell art för att säkerställa värdlandets tillstånd. Frankrike hade redan resignerat om att få området till sig. Tyskland beslöt att dämpa sina kampanjer och gå in för en mer samarbetsvillig fas, det fanns ingen anledning att vara aggressiv när det trots allt luktade seger. Ändå kunde dispyten lätt ha slutat mycket mer eländigt. Dispyten i Saarområdet var därför en tidig påminnelse om den värdefulla roll som opartiska och icke-hotande internationella organ kan spela i relationer av internationella tvister. Det här speciella förhållandet att lösa Saarproblemet var ingenting som kom att lösa de övergripande relationerna mellan Frankrike och Tyskland. Men med hjälp av den internationella styrkan blev en säker källa till tvist borttagen.[14] General Brind delar den allmänna uppfattningen att det var genom Saarforce som folkomröstningen kunde genomföras i lugn och ro utan bråk och sammanstötningar. I sin rapport till NF:s Råd lämnar han en del rekommendationer som kan vara till nytta för framtida fredsinsatser. Ett övergripande och mycket allvarligt misstag ser han i det att instruktionerna och orderna från NF:s Råd till honom inte innefattade vad som skulle behöva utföras vid en kollaps av det civila styret eller administrationen. Skulle en sådan kollaps uppstå behövde det kanske etableras någon form av krigslagar. Det skulle då ge spända förhållanden och eventuella ingripande från tyskt eller franskt håll. När det gäller information är hans syn på pressen bekant, däremot har han synpunkter på hur han själv och staben ska få relevant information. I framtida operationer anser han att en underrättelse- eller informationsavdelning ska upprättas och skickas till området i god tid innan själva styrkan anländer. I Saar var det svårt att kunna lita på den information som man fick, en hel del var antingen politiskt färgad eller påverkad av rädsla för att betraktas som förrädare. För kontakt mellan de olika kontingenterna kunde Saarforce disponera det civila telefonnätet. Men om det skulle uppstå allvarliga oroligheter skulle det vara ganska enkelt att bara klippa av telefonledningarna. Han ser det därför som viktigt i framtida operationer att kunna använda trådlös kommunikation med tillräcklig räckvidd för att säkerställa kommunikationerna. Han sammanfattar vad så många andra också har uppfattat och beskrivit:

> This experiment of employing an International Force
> to help and reassure the local civil authorities, and to
> ensure peace during a period of anxiety and doubt
> has happily been brought to a successful conclusion
> without any disturbing incident. . . I feel, however,
> that the dispatch to the Saar of an International Force
> was justified and that the absence of serious disorder
> was largely due to the moral influence of the presence
> of troops both as a deterrent to disorderly elements in
> the population, and as an encouragement to the police to
> do their duty in difficult political circumstances.[15]

236

Referenser

[1] Wambaugh, Sarah, 1940.
[2] Bowett, D.W., 2008.
[3] Wilkens, Ann, 2009.
[4] Brind, J.E.S., 1935.
[5] A den 20/2 1935, intervju med överste Nordenswan.
[6] Reuterswärd, Wilhelm, *Upplevelser med svenska bataljonen i Saar*, KrA, *W. Reuterswärds arkiv*.
[7] AB den 27/12 1934.
[8] Ur landshövding Rodhes tal från DN den 23/12 1934, utsände korrespondenten Åbergsson.
[10] Ur sekreterares Hellstedts tal från DN den 23/12 1934, utsände korrespondenten Åbergsson.
[11] Brind, J.E.S., 1935.
[12] Beckman, Alan, 1972.
[13] Reuterswärd, Wilhelm, *Upplevelser med svenska bataljonen i Saar*, KrA, *W. Reuterswärds arkiv*.
[14] James, Alan, 1990.
[15] Brind, J.E.S., 1935.

Käll- och litteraturförteckning

Bild- och fotomaterial

Där inget annat anges är bild- och fotomaterialet från
Wikipedia Commons.

Där det anges Tidningsfoto är detta från Universitetsbibliotekens
tidningsarkiv. Fotokvaliteten är inte hög, men har ändå
bedömts ha ett informativt värde.

Omslagets framsida:
Saarbataljonens avresa från Trelleborg den 21
december 1934. Foto: Krigsarkivet.

Omslagets baksida:
Porträtt av författaren, målning av Magnus Torstensson.
Segerfirande flicka i Saarbrücken.

Otryckta källor

Riksarkivet Marieberg, RA
Utrikesdepartementets arkiv, 1920 års dossiersystem. Utrikesdepartementet, Kabinettet för utrikesbrevväxlingar,
    huvudarkivet.

Krigsarkivet Stockholm, KrA
Arthur Nordenswans arkiv.
Harald Svenssons arkiv.
Ivar af Silléns arkiv.
Kungl. Svea Livgardes arkiv.
Lantförsvarets kommandoexpedition.
Wilhelm Reuterswärds arkiv.

Arbetarrörelsens Arkiv och Bibliotek Stockholm, ArA
Per Albin Hanssons arkiv
Rickard Sandlers arkiv

Internet

Das Bundesarchiv, *Außenpolitik im Zeichen des Dawes-plans*, www.bundesarchiv.de

E.R., *Was war eigentlich Locarno. Voraussetzungen und Folgen des Vertragssystem über die Westgrenzen von 1925*. Die Zeit 21/1953. www.zeit.de

Hang, Ludwig, *Nix wie hemm!*, Die Zeit 10/1985 www.zeit.de

Holtwiss, J. P., *Als wir zur Abstimmung fuhren . . .*, Die Zeit, 35/1952, www.zeit.de

Yale Law School, The Avalon Project, *The Versailles Treaty June 28, 1919.* avalon.law.yale.edu

Yale Law School, The Avalon Project, *President Woodrow Wilson´s Fourteen Points, 8 January 1918.* avalon.law.yale.edu

Zank, Wolfgang, *Die Stunde der Abrechnung*, Die Zeit 26/1994 www.zeit.de

Tryckta källor

Beckman, Alan C., *International military force and the League of Nations*, Northeastern Illinois University, 1972.

Brind, J. E. S., *Report by the commander-in-chief, international forces in the Saar, for the information of the Council of the League of Nations. 28/10 1935*, Appendix D i Beckman, Alan C., *International military force and the League of Nations*, Northeastern Illinois University, December 1972.

Brockdorff-Rantzau, Kopior och utdrag, *German proposals and counter-proposals*, The Advocat of Peace, Vol. 81, No. 6, Sage Publications 1919.

Burn, A. H., *The International Force in the Saar*, The New Commonwealth serie A No 8, Policing the Saar, Thorney House, London 1936.

Gibbon, Luke & Finn, Tara, *Whats the context? 1 December signing the Locarno Treaties*, Foreign affairs and diplomacy, London 2015.

Godfroid, Anne, *Ockupation after the War*, International Encyclopedia of the First World War, 2015.

Haskin, Charle E., *The Saar Territory as it is Today*, in Foreign Affairs, December 1922.

Hill, C. J., *Great Britain and the Saar Plebiscite of 13 January 1935*, Journal of Contemporary History, Vol. 9 No 2 1974, Sage Publications.

Lewy, Guenter, *The German Roman Catholic hierarchy and the Saar plebiscite of 1935*, Political Science Quarterly Vol. 79 No 2, 1964.

Pollock, James K., *International affairs: The Saar Plebiscite*, The American Political Science Review Vol. 29, No 2, 1935.

Pugh, Michael, *Policing the World: Lord Davies and the Quest for Order in the 1930s*, International Relations vol. 16, Iss. 1, Sage Publications 2002.

Roos, Julia, *Schwartze Schmach*, International Encyclopedia of the First World War, 2015.

Russell, Frank M., *The Saar basin governing commission*, Polical Science Quarterly, Vol. XXXVI, Nr 2, June 1921.

Seils, Christoph, *Zeit Geschichte 1918*, Zeitverlag Gerd Bucerius GmbH & Co, Hamburg 2008.

Skaraborgs Regemente, *Minnesskrift 1981*, Skövde 1981.

Steigner, Georg, *Die Saar kehrt heim. Vor 50 Jahren Volkabstimmung unter Regie des Völkerbundes*, Archiv der Stadt Homburg, 1985.

Wilkens, Ann, *Kan kriget i Afghanistan vinnas?* i Internationella Studier nr 3, 2009, Utrikespolitiska Institutet.

Tidningar och tidskrifter
(Avser tiden december 1934-februari 1935.)

Aftonbladet, AB, Stockholm.

Arbetet, A, Malmö.

Dagens Nyheter, DN, Stockholm.

Göteborgs Handels- och Sjöfartstidning, GHT, Göteborg.

Ny Dag, ND, Stockholm.

Stockholmstidningen, StT, Stockholm.

Svenska Dagbladet, SvD, Stockholm.

Sydsvenska Dagbladet Snällposten, SDS, Malmö.

Litteratur

Baker, Ray Stannard, *Woodrow Wilson and world settle-
ment. Written from his unpublished and perso-
nal material*, William Heineman Ltd., London 1923.

Bartz, Karl, *Weltgeschichte an der Saar*, Südwestdeutsche
Verlagsgesellschaft, Neustadt 1935.

Behringer, Wolfgang & Clemens, Gabriele, *Geschichte des
Saarlandes*, Verlag C.H. Beck, München 2009.

Bowett, D. W., *United Nations Forces, A Legal Study*, The
Lawbook Exchange, Ltd, New Jersey, 2008.

Bumiller, J. M., *Die Völkerrechtliche Stellung der fremden Truppen
im Saargebiet*, Walter de Gruyter & Co, Berlin
und Leipzig 1928.

Bärbel Kuhn, Martina & Pitz, Andreas Schorr (Hrsg.),
*"Grenzen" ohne Fächergrenzen. Interdiziplinäre Annä-
herungen*, Röhrig Universitetsverlag, St Ingbert 2007.

Böök, Fredrik, *Resa till Saar och Paris över Elsass*,
Albert Bonniers Förlag, Stockholm 1935.

Carr, Edward Hallet, *Den förlorade freden. De tjugo årens kris
1919-1939*, Dagens Böcker, Malmö 1941.

Deutsch, Karl W., *Nationalitet och social konstruktion.*, i Sörlin,
Sverker (red.), *Nationens röst – texter om nationalismens teori
och praktik*, SNS förlag, Stockholm 2001.

Ekecrantz, Jan & Olsson, Tom, *Det redigerade samhället*,
Carlssons Bokförlag, Stockholm 1998.

245

Ericson Wolke, Lars, *Saarbataljonen. Svenska fredssoldater I Hitlers skugga 1934-1934*, Historiska Media, Lund 2017.

Ferrell, Robert H., *Peace in their time. The Origins of the Kellogg-Briand Pact.* Yale University Press, New Haven 1952.

Franzén, Nils-Olof, *Hjalmar Branting och hans tid*, Bonniers förlag, Stockholm 1985.

Gustafsson, Karl Erik & Rydén, Per (red.), *Den svenska pressens historia del III. Det moderna Sveriges spegel (1897-1945)*, Ekerlids Förlag, Stockholm 2001.

Hadenius, Stig, *Svensk politik under 1900-talet. Konflikt och samförstånd*, Hjalmarsson & Högberg, Stockholm 2000.

Hallberg, Mikael & Jonssson, Tomas, *Per Albin Hansson och folkhemsretorikens* framväxt i Åsard, Erik, *Makten, medierna och myterna*, Carlssons förlag, Stockholm 1996.

Herrmann, Hans-Walter, *1919 – Schicksaljahr für die Saar*, in Stadtverband Saarbrücken (Hrsg,) *Als der Krieg über uns gekommen war . . .*, Saarbrücken 1993.

Hobsbawm, Eric, *Nationer och nationalism*, Ordfronts Förlag, Stockholm 1994.

Hochschild, Adam, *Aldrig mera krig. Lojalitet och motstånd*, Stockholm 2012.

Isaksson, Anders, *Per Albin IV, Landsfadern*, Wahlström & Widstrand, Stockholm 2000.

Isaksson, Anders, *Per Albin Hansson – Fosterlandet, Folkhemmet, Svenskmannagärningar*, i Johansson, Alf W. (red.), *Vad är Sverige? Röster om svensk nationell identitet*, Bokförlaget Prisma, Stockholm 2001.

Johansson, Rune, *Nationer och nationalism: teoretiska och empiriska aspekter*, i Tägil, Sven, *Den problematiska etniciteten – nationalism, migration och samhällsomvandling*, Lund University Press, Lund 1993.

James, Alan, *Peacekeeping in International Politics*, Palgrave Mc Millan, London 1990.

Jönsson, Christer & Tägil, Sven & Törnqvist, Gunnar, *Organizing European Space*, Sage Publications, London 2000.

Karlsson, Klas-Göran, *Urkatastrofen, första världskrigets plats i den moderna historien*, Bokförlaget Atlantis, Stockholm 2014.

Keynes, John Maynard, *Fredens ekonomiska följder*, Bonniers Förlag, Stockholm 1920.

Keynes, John Maynard, *En revision av freden. En fortsättning av fredens ekonomiska följder*, Bonniers Förlag, Stockholm 1922.

Knightley, Philip, *Krigets första offer är sanningen. Krigskorrespondenten som hjälte och nyskapare*, Ordfront Förlag, Stockholm 2004.

Koller, Christian, *Von Wilden aller Rasen niedergemetzelt: die Diskussionum die Verwendung von Kolonialtruppen in Europa*, Franz Steiner Verlag, Stuttgart 2001.

Linderborg, Åsa, *Socialdemokraterna skriver historia*, Atlas, Stockholm 2001.

Lempert, Peter, *Das Saarland den Saarländern. Die frankophilen Bestrebungen im Saargebiet 1918-1935*, dme-Verlag, Köln 1985.

Lindorm, Erik, *Ny svensk historia. Gustav V och hans tid 1928-1938*. (Bokfilm) Wahlström & Widstrand, Stockholm 1940.

Lundström, Gunilla, *När tidningarna blev moderna. Om svensk journalistik 1898-1969*, Nordicom-Sverige, Göteborg 2004.

Löfgren, Orvar, *Nationella arenor*, i Ehn, Billy & Frykman, Jonas & Löfgren, Orvar, *Försvenskningen av Sverige*, Natur och kultur, Stockholm 1993.

Lönnroth, Erik, *Den svenska utrikespolitikens historia, V 1919-1939*, P.A. Norstedt & Söners förlag, Stockholm 1959.

Nordin, Svante, *Nittonhundratalet. En biografi*, Bokförlaget Atlantis AB, Stockholm 2005.

Ohlsson, Per T, *Sandler*, i Bergstrand, Mats & Ohlsson, Per T (Red.) *Sveriges statsministrar under 100 år*, Albert Bonniers Förlag, Stockholm 2010.

von Platen, Magnus, *Den unge Vilhelm Moberg*, Bonniers, Lund 1978.

Poulsen, Henning, *Från krig till krig 1914-1945, Bra böckers världshistoria*, Bokförlaget Bra Böcker, Höganäs 1982.

Reuterswärd, Wilhelm, *Den svenska Saarbataljonen 1934-1935*,i *Kungl. Svea Livgardes historia 1719-1976*, Stockholm 1976.

Russell, Frank M., *The Saar Battleground And Pawn*, Stanford University Press, 1951.

Salzman, Stephanie, *Germany and the Soviet Union and After 1922-1934*. The Royal Historical Society, Woodbridge UK 2003.

Sandler, Rickard, Svenska utrikesärenden. Anföranden 1934-1935, Tidens Förlag, Stockholm 1936.

Schlögel, Karl, *Im Raume lesen wir die Zeit*, Carl Hanser Verlag, München Wien 2003.

Schuker, Stephen A., *The End of French Predominance in Europé. The Financial Crisis of 1924 and the Adoption of the Dawes Plan*, The University of North Carolina Press, Chapel Hill 1976.

Stirk, Peter M.R., *A History of European Integration since 1914*, Continuum, London 2001.

Svenning, Olle, *Hövdingen Hjalmar Branting. En biografi*, Albert Bonniers Förlag, Stockholm 2014.

Temperley, A. C., *The Whispering Gallery of Europe*, Collins Publishers, London 1938.

Thulstrup, Åke, *Svensk politik 1905-1939*, Bonniers Förlag, Stockholm1968.

Tingsten, Herbert, *Svensk utrikesdebatt mellan världskrigen*, Bokförlaget Aldus, Stockholm 1964.

Tägil, Sven, *Att studera gränskonflikter – en teoretisk ram*, Meddelande från Historiska institutionen i Lund, Lund 1975.

Tägil, Sven (Ed.), *Europa – historiens återkomst*, Gidlunds Förlag, Hedemora 1998.

Tägil, Sven, *Wien, Versailles och Jalta. Frederna och gränserna*, i Furuhagen, Birgitta (Red.), *Utsikt mot Europa*, Bokförlaget Bra Böcker, Höganäs 1991.

Wambaugh, Sarah, The Saar plebiscite. With a collection of official documents, Harvard University Press, Cambridge, Massachusetts, 1940.

Wägner, Elin, *Från Seine, Rhen och Ruhr. Små historier från Europa*, Albert Bonniers Förlag, Stockholm 1923.